Kathrin Däniker

effektiv sein

Erfolgsfaktoren zur Produktivität

buch & netz

Autorin: Kathrin Däniker
Verlag & Produktion: buchundnetz.com
Umschlaggestaltung & Layout: Rino Wenger
ISBN: 978-3-03805-240-1 (Print - Hardcover),
978-3-03805-239-5 (Print - Softcover),
978-3-03805-268-5 (PDF)

Inhalt

Einleitung 6
    Werden Sie effektiv 6

Orientierung 11
    Standortbestimmung........................12
    Vision entwickeln 20
    Ziele setzen 30

Erfolgsfaktoren 37
    Schlafen...38
    Körperliche Fitness.........................44
    Positive Einstellung........................52
    Organisation 58
    Planung..64
    Prioritäten setzen 72
    Fokus...78
    Das Wichtigste zuerst 84
    Experimentieren & lernen.............90

Stolpersteine 99
    Unterbrechungen &
    Multitasking 100
    Unangenehmes vermeiden......................110
    Überforderung &
     sozialer Stress...............................118

Vision leben...............................125
    Engagierte Gelassenheit 126
    Inspiration....................................134
    Dankbarkeit 140

Abschluss...................................149
    Verzeichnis...................................150
    Urheberrechte &
    Nutzungsbedingungen.....................153

Einleitung

Werden Sie effektiv

Haben Sie Träume? Egal ob grosse oder kleine: Hauptsache, Sie nehmen Ihre Träume ernst und leben Ihre Vision. Dieses Buch unterstützt Sie dabei. Es zeigt Ihnen, wie Sie Ihre Vision entwickeln, Ihre Ziele erreichen und Erfüllung finden können. Es ist nicht wichtig, ob Sie Ihren Garten umgestalten oder ob Sie Reisen auf den Mars anbieten wollen. Entscheidend ist, dass Sie an Ihre Vision glauben, Ihre Ziele kennen und darauf vertrauen, dass Sie diese erreichen. Dass Sie umsetzen. Dass Sie effektiv sind.

Kennen Sie Ihre Vision und leben danach? Haben Sie ein sinngebendes Ziel, das Sie jeden Morgen motiviert aufstehen lässt, weil Sie es unbedingt erreichen wollen? Oder haben Sie ein Ziel, aber irgendwie kommen Sie ihm nicht näher? Möchten Sie einfach effektiver werden und Ihre Energie noch gebündelter einsetzen?

Wollen Sie Ihr volles Potenzial abrufen, um ganze Wirkung zu erzielen? Wollen Sie mehr Spass haben und Erfüllung finden?

Die Frage nach Ihrer Vision ist vielleicht anstrengend, weil Sie sie nicht so einfach beantworten können. Die Versuchung ist gross, die Frage auf die Seite zu schieben und auf Autopilot zu schalten. Doch ohne sinngebendes Ziel füllt sich Ihr Tag mit dem Abarbeiten endloser Pendenzen. Am Abend liegen Sie müde auf dem Sofa und fragen sich: «Was habe ich den ganzen Tag gemacht?» Sie kämpfen mit mangelnder Motivation und fühlen sich leer. Das ist ein Zeichen dafür, dass Sie Ihre Kreativität nicht ausleben und Ihr Potenzial ungenutzt verkümmert. So, wie Ihr Körper Ihnen mit Hunger und Durst zeigt, dass Sie Nahrung und Flüssigkeit zu sich nehmen sollten, sind Leere und Motivationsmangel Zeichen dafür, dass Sie Abwechslung, Veränderung und Inspiration brauchen. Kultivieren Sie diese Stimme, dieses Verlangen, etwas erleben und erreichen zu wollen. Etwas zu lernen und sich weiter zu entwickeln, bedeutet Wachstum und gibt Ihnen das Gefühl, lebendig zu sein.

Unabhängig davon, an welchem Punkt Sie stehen und egal, wie klein oder wie gross Ihr Traum ist, stellen Sie sich die richtigen Fragen. Dieses Buch unterstützt Sie dabei. Es stellt sowohl die Frage nach dem «Was» – Ihrer Vision – genauso wie nach dem «Wie» – der konkreten Umsetzung. Das Buch liefert Ihnen viele Anregungen, wie Sie Ihre Antworten finden können. Sie erhalten zudem verschiedene Tipps zur Umsetzung sowie konkrete Werkzeuge für die Anwendung.

Verabschieden Sie sich vom Autopiloten und lassen Sie sich nicht mehr von äusseren Dingen hetzen. Nehmen Sie das Steuer wieder selber in die Hand. Dafür müssen Sie sich darauf besinnen, was Ihnen wichtig ist. Entwickeln Sie Ihre Fähigkeit, das Wichtige zu erkennen und darauf zu fokussieren. So können Sie eine Vision entwickeln und Ihre Ziele erreichen. Denn ein Ziel zu erreichen, etwas zu erschaffen oder einen Beitrag zu etwas Grösserem zu leisten, gibt uns Befriedigung und macht uns glücklich. Leben Sie Ihre Vision und entfalten Sie Ihr Potenzial. Seien Sie effektiv und erreichen Sie Ihre Ziele. Erfüllen Sie sich diesen Traum.

Warum dieses Buch?

Stellen Sie sich vor, es sei der letzte Tag Ihres Lebens. Haben Sie das Leben gelebt, das Sie wollten? Ich stand zähneputzend vor dem Spiegel, als mich diese Frage mit unbarmherziger Härte traf. Im noch unbarmherzigeren Neonlicht schaute ich mir in die Augen und musste mir eingestehen: Nein! Ich tue viele Dinge nicht, die ich gerne tun möchte. Und ich tue viele Dinge, die ich nicht tun mag. Warum? Warum verwirkliche ich nicht einfach meine Träume? Wovor fürchte ich mich?

Diese Gedanken trieben mich an und ich begann alles dazu zu lesen, was ich in die Finger oder auf den Bildschirm bekam. Dabei wurde mir bewusst, dass ich mich jahrelang hatte treiben lassen und schliesslich an einem Ort gelandet war, wo ich mich nur bedingt wohlfühlte.

Doch die Frage, was mir wirklich wichtig war, konnte ich nicht klar beantworten, geschweige denn, meine Vision ausmalen.

Unterdessen habe ich einiges verändert. Ich habe meinen vielversprechenden Job aufgegeben und mich selbständig gemacht. Ich habe eine neue Wohnung, ein Motorrad, ein Tattoo, einen Mann und immer noch keine Katze. Doch viel entscheidender als diese sichtbaren Veränderungen sind für mich solche, die man nicht sehen, doch umso mehr fühlen kann. Das habe ich bei meinen Kunden ebenfalls festgestellt. Man muss nicht immer das Leben auf den Kopf stellen, um seine Vision zu leben. Es sind vielmehr die vielen kleinen Dinge, die meinen Alltag prägen: Es ist die Sichtweise, wie ich mein Leben und die Ereignisse darin wahrnehme. Es ist mein Fokus, worauf ich meine Aufmerksamkeit lenke. Es ist das Bewusstsein, was mir wichtig ist, was mir gut tut und was mich glücklich macht. Es ist das ständige Lernen, das mich lebendig fühlen lässt. Es ist das Wissen um mein Potenzial, das mich motiviert. Es ist die Möglichkeit, andere Menschen auf Ihrem Weg zu unterstützen, die mich erfüllt. Es sind die kleinen, alltäglichen Entscheidungen, die meiner Vision entsprechen oder mich davon entfernen.

Wenn ein Ziel nicht der eigenen Vision entspricht, so fühlt sich selbst der grösste Erfolg leer an. Diese Leere schlägt auf die Motivation. Weil der Sinn fehlt. Wenn ich keinen Sinn sehe, engagiere ich mich weniger und ich schöpfe mein Potenzial nicht aus. Doch ich will an meinem letzten Tag nicht bereuen, was ich alles nicht getan habe. Darum habe ich meine Vision entwickelt und nach Methoden gesucht, die effektiv sind, damit ich meine Ziele erreichen kann.

Ich habe alles Material zusammengetragen. Egal ob wissenschaftlich fundiert oder spirituell inspiriert. Daraus habe ich Methoden entwickelt und auf ihre Wirkung getestet. Zuerst an mir. Dann habe ich die Methoden mit meinen Kunden weiter entwickelt. In diesem Buch habe ich Erkenntnisse zusammengefasst und alle Methoden als Werkzeuge bereitgestellt, mit denen Sie Wirkung erzielen können. Wenn ich damit einen Beitrag leisten kann, dass Sie Ihre Vision leben, effektiver sind und Ihre Ziele erreichen, wähne ich mich noch glücklicher.

Leseanleitung

Das erste Kapitel umfasst die Orientierungsphase. Wo stehen Sie? Was ist Ihnen wichtig? Welches Leben möchten Sie führen und was wollen Sie erreichen? Machen Sie eine Standortbestimmung für verschiedene Bereiche Ihres Lebens. Darauf aufbauend erarbeiten oder schärfen Sie Ihre Vision. Für beides liefert das Buch eine einfache Vorgehensweise. Nehmen Sie sich genügend Zeit, die entsprechenden Fragen ehrlich zu beantworten. Denn es geht um Sie und Ihre persönliche Vision.

Das zweite Kapitel handelt vom Weg. Wie können Sie Ihre Vision leben, Wirkung erzielen und Ihre Ziele erreichen? Wie müssen Sie sich organisieren, um voranzukommen? Sie lernen Prioritäten zu setzen und den Fokus zu behalten. Sie entdecken eine Fülle an Tipps und

Werkzeugen, dank derer Sie noch effektiver sein werden. Damit Sie auf dem richtigen Weg bleiben und Ihr Potenzial ausschöpfen.

Im dritten Kapitel begegnen Sie typischen Stolpersteinen. Identifizieren Sie Ihre individuellen Stolpermuster und lernen Sie, die Steine auf Ihrem Weg zu erkennen, sie zu umgehen und in stetem Tempo voranzukommen.

Der Schluss bildet schliesslich ein Kapitel, das Sie lehrt, regelmässig Ruhepausen einzulegen und die zurückgelegte Wegstrecke zu würdigen. Was haben Sie gelernt? Wie können Sie die Freude auf dem Weg kultivieren? Hier finden Sie Tipps und Tricks zur engagierten Gelassenheit - die wohl höchste Form der Effektivität. Gelassen jene Dinge zu akzeptieren, die Sie nicht beeinflussen können. Ihr Engagement auf jene Dinge zu fokussieren, die Sie beeinflussen können. Das erhöht Ihre Wirkung ungemein.

In den Boxen finden Sie Snacks für Zwischendurch. Es sind kleine Hinweise zu vertiefender Lektüre oder Hinweise auf unterstützende Apps. Lassen Sie sich inspirieren und sammeln Sie neue Ideen.

Wählen Sie Ihr eigenes Tempo. Ob Sie das Buch an einem Nachmittag oder über mehrere Wochen hinweg lesen, ich habe bloss eine Bitte an Sie: Gehen Sie in die Anwendung und arbeiten Sie mit den Werkzeugen. Urteilen Sie nicht allein auf der theoretischen Basis Ihres Verstandes. Sondern unterziehen Sie die Tipps und Werkzeuge einem Praxistest. Bewerten Sie diese nach Ihrer Wirkung. Erfolg kommt von Tun.

Am besten suchen Sie sich aus der Vielfalt einen Erfolgsfaktor aus, den Sie gezielt verstärken möchten. Oder Sie konzentrieren sich auf einen Stolperstein, den Sie bewusst umgehen wollen. Nehmen Sie sich nicht zu viel vor. Versuchen Sie, alles Gelernte gleichzeitig umzusetzen, so riskieren Sie, sich mit einem völlig neuen Verhalten zu überfordern und nach ein, zwei Tagen aufzugeben. Setzen Sie lediglich einen oder zwei Tipps zum gewählten Thema um, und testen Sie am besten nur ein Werkzeug aufs Mal. Das aber konsequent und für mindestens drei Wochen. Etablieren Sie eine Gewohnheit. Erst wenn diese Gewohnheit gefestigt ist, gehen Sie zum nächsten Erfolgsfaktor oder Stolperstein. So können Sie Ihr Verhalten sukzessive verbessern und nachhaltig festigen.

Mit der Zeit werden Sie herausfinden, welche Tipps für Sie ideal sind und welche Werkzeuge funktionieren. Zögern Sie nicht, Ihr eigenes Werkzeug zu basteln. Pflücken Sie jene Fragen und Tipps heraus, die Ihnen entsprechen. Sie werden nicht nur ungeahnte Fortschritte in Bezug auf Ihre Motivation und Ihre Wirkung machen. Sie werden glücklicher.

Am Anfang hilft Ihnen die Motivation. Doch es ist die Gewohnheit, die Sie durchhalten lässt.

Kapitel 1

Orientierung

Im ersten Kapitel ist Orientierung gefragt. Sie erkennen anhand einer einfachen Standortbestimmung, wo Sie stehen und was Sie verändern möchten. Dann erarbeiten oder schärfen Sie Ihre Vision. Diese wird Ihnen als Leitstern den Weg weisen. Schliesslich setzen Sie sich Ziele, die Ihrer Vision entsprechen.

Standortbestimmung

Es ist höchste Zeit für eine Standortbestimmung. Halten Sie Ihr Hamsterrad für einige Minuten an und stellen Sie sich die Frage: «Wie zufrieden bin ich?» Oder etwas brisanter: Nehmen Sie an, heute sei Ihr letzter Tag, und fragen Sie sich: «Habe ich das Leben gelebt, das ich leben wollte?»

Es ist Ihr Leben, Tag für Tag. Sie wollen glücklich sein und andere glücklich machen. Wie glücklich sind Sie? Wie engagiert sind Sie? Geben Sie jeden Tag Ihr Bestes? Fällt es Ihnen leicht sich zu engagieren, weil Sie wissen warum und wofür?

Fühlen Sie sich unerfüllt und gelangweilt? Sind Sie erschöpft und lustlos? Fühlen Sie sich überfordert und nervös? Dafür gibt es meistens zwei Gründe: Ihnen fehlt die Vision oder Sie haben Ihre Vision vor lauter Arbeit aus den Augen verloren. Sie wissen nicht, wofür Sie sich einsetzen sollen. Sie arbeiten regelmässig zu viel, doch irgendwie hat nichts einen Anfang oder ein Ende. Sie haben so viel auf dem Tisch, dass Sie Gefahr laufen, Wichtiges nicht mehr von Unwichtigem unterscheiden zu können. Mit dem Ergebnis, dass Sie noch mehr arbeiten und trotzdem das Gefühl haben, es genüge nicht. Dieser Kontrollverlust ist energieraubend und führt letztlich zur Erschöpfung. Der Verlust an Sinn schlägt auf Ihre Motivation. Sie werden müde und fühlen sich ausgelaugt und leer.

Der andere Grund ist: Sie haben eine Vision, doch irgendwie kommen Sie nicht vom Fleck. Vielleicht, weil Sie voller Ideen stecken, am liebsten alles umsetzen möchten und sich dabei heillos verzetteln. Mit demselben Ergebnis, dass Sie alles ein bisschen tun, aber nichts richtig. Sie bringen letztlich nichts auf den Boden. Die fehlenden Erfolge demotivieren. Sie fühlen sich unerfüllt und suchen nach einer Lösung. Doch die liegt nicht in noch mehr Arbeit.

Überforderung, Leere oder Lustlosigkeit sind Anzeichen dafür, dass Sie Veränderung brauchen. Sie sind hungrig nach Inspiration und Erfüllung. Sie wollen Ihr kreatives Potenzial einsetzen, statt Ihre Energie in die Erledigung unzähliger Pendenzen zu stecken. Wollen Sie wieder das Gefühl geniessen, selbst am Steuer zu sitzen? Möchten Sie abends wieder erfüllt nach Hause kommen, weil Sie wissen, wofür Sie sich engagiert haben?

Mit einer Standortbestimmung machen Sie sich bewusst, wo Sie stehen. Sie erkennen, wie klar Ihre Vision ist und wie gut Sie in der Umsetzung sind. Geht es zuerst darum, Ihre Vision zu finden? Wollen Sie das Verlangen nach dieser Zukunft verstärken? Sie kommen Ihrer klaren Vision nicht näher und wollen Ihre Umsetzungskompetenz erweitern? Nehmen Sie sich Zeit und beschäftigen Sie sich mit Ihrem Leben. Oftmals entwickeln wir Strategien fürs Geschäft, erarbeiten Businesspläne für Produkte und planen die Ausbildung unserer Kinder. Doch selten tun wir das für uns selber. Wir arbeiten und arbeiten, bis wir uns selbst abhanden kommen. Halten Sie inne und machen Sie eine Standortbestimmung. Orientieren Sie sich und wählen Sie den Weg, der Sie in eine erfüllende Zukunft führt.

Das folgende Modell eignet sich für eine Standortbestimmung. Es baut auf den Überlegungen des Selbstmanagement Profis David Allen auf und definiert vier Modi: Gestalter, Träumer, Mikromanager und Opfer. Jeder Modus ist mit dem Gefühl beschrieben, das ihn prägt.

Die Vision ist das Bild einer erstrebenswerten Zukunft und steht für die Richtung, in der Sie sich bewegen wollen und wohin Ihr Handeln führen soll. Umsetzungskompetenz steht für die Fähigkeit, Ihr Handeln auf eben diese Vision auszurichten und Ziele zu erreichen. Ziele sind dabei Zwischenschritte auf dem Weg Richtung Vision.

Der Modus des Gestalters verfügt sowohl über eine Vision als auch über Umsetzungskompetenz. Sie wissen also, was Sie erreichen wollen und was Sie dafür tun müssen. Sie tun es und setzen Ihre Energie mit der grössten Wirkung ein. Dies macht Sie effektiv und bringt Ihnen nachhaltige Erfüllung.

Nun kann es sein, dass Sie Ihre Vision aus den Augen verloren oder schlicht keine haben. Dann sind Sie im Modus des Mikromanagers. Sie kriegen viele Dinge erledigt. Da Sie jedoch keine Vision mehr haben, vermögen Sie nicht mehr zwischen wichtig und unwichtig zu unterscheiden. Sie arbeiten unendlich viel, ohne grosse Wirkung zu erzielen. Mit dem Resultat, dass Sie sich irgendwann erschöpft und leer fühlen.

Im Modus des Träumers haben Sie zwar eine Vision. Sie sind enthusiastisch und voller Ideen. Doch Sie bringen nicht viel auf den Boden. Weil Sie die Umsetzung nicht planen, nicht gezielt vorgehen, keine Ausdauer haben oder sich verzetteln. In diesem Modus laufen Sie Gefahr, sehnsüchtig zu bleiben. Sehnsucht kann ein wunderbarer Antrieb, auf die Dauer aber auch frustrierend sein.

Der Opfermodus ist geprägt vom Mangel an Vision und Umsetzungskompetenz. In dieser Rolle tun Sie in der Regel, was andere wollen und folgen dem, der gerade am nächsten ist oder am lautesten schreit. Sie überlegen dabei nicht, ob es wirklich wichtig ist oder ob eine Aufgabe Ihren Fähigkeiten entspricht. Sie fühlen sich ohnmächtig. Aus diesem Modus möchten Sie sich so rasch als möglich befreien. Sei es, indem Sie eine Vision entwickeln oder Ihre Umsetzungskompetenz aufbauen.

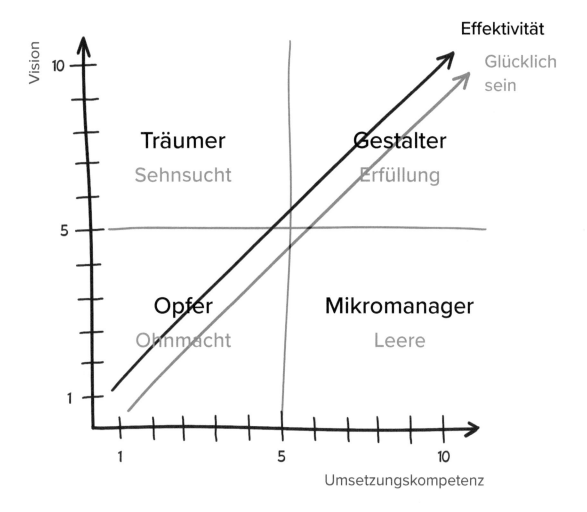

Standortbestimmung

Tipps

Tipp #1
Innehalten

Machen Sie jedes Jahr eine Standortbestimmung. In der Hektik der Umsetzung verschieben sich manchmal die Prioritäten. Im Laufe des Lebens verändern sich Interessen und Leidenschaften. Also lohnt es sich, immer wieder innezuhalten und regelmässig eine Standortbestimmung zu machen. «Wie glücklich und engagiert bin ich? Wie klar ist meine Vision? Kenne ich den Weg, der mich dorthin führt?» Ein idealer Zeitpunkt dafür ist der Jahreswechsel. Nehmen Sie sich einen Tag Zeit und machen Sie Ihre Standortbestimmung.

Tipp #2
Erfolge feiern

Die Standortbestimmung bietet Anlass, den zurückgelegten Weg wertzuschätzen. Dies beinhaltet Ihr Bemühen und Ihren geleisteten Einsatz gleichermassen wie Ihre Erfolge. Oftmals legen erst gezielte Fragen wie «Was habe ich gelernt?» oder «Was habe ich gut gemacht?» den eigenen Beitrag offen und machen persönliches Wachstum sichtbar. Werden Sie sich bewusst, wie viel Sie geleistet und welche Kompetenzen Sie weiterentwickelt haben. Das stärkt Ihr Selbstvertrauen. Feiern Sie Ihren Einsatz, Ihre Weiterentwicklung und Ihre Erfolge gebührend.

Tipp #3
Bewährtes kultivieren

Dank einer Standortbestimmung erkennen Sie, welche Dinge sich bewähren und was Sie unbedingt beibehalten wollen, weil es Sie glücklich macht. Nur wer sich bewusst ist, was ihm gut tut, kann es mit der nötigen Sorgfalt pflegen und kultivieren. Wir gewöhnen uns rasch ans Gute und nehmen es bald als selbstverständlich. Nicht nur, dass wir dann das Gute nicht mehr wertschätzen. Schlimmer noch, wir laufen Gefahr, es zu vernachlässigen. Bis wir es verlieren. Das Gute will genährt sein.

Tipp #4
Entwicklungsziel

Wecken Sie Ihre Reiselust. Mit einer Standortbestimmung identifizieren Sie Handlungsbedarf: «Wohin möchte ich mich entwickeln? Was möchte ich noch lernen?» Definieren Sie ein Entwicklungsziel, das Sie motiviert und Ihre Energien weckt. Weil Wachstum lebendig hält. Ob Ihr Entwicklungsziel der Auf- und Ausbau einer Kompetenz ist, ein konkretes Vorhaben oder ein Punkt auf Ihrer Bucket List. Hauptsache, Sie schaffen sich eine Perspektive und damit eine Richtung, in die Sie wachsen möchten. Denn: Wer kein Ziel hat, dem ist jeder Weg zu lang.

Tipp #5
Neu verhandeln

Dank einer Standortbestimmung wissen Sie, in welchen Bereichen Sie etwas verändern wollen. Vielleicht ist noch nicht klar, was anders werden muss, und Sie möchten zuerst eine zweimonatige Inspirationsreise machen, um die eigene Vision aufzufrischen. Vielleicht ist das Ziel schon klar, und Sie wollen einfach nur jeden Morgen zwei Stunden schreiben, weil Ihr Buch dieses Jahr erscheinen soll. Egal ob Inspiration zur Visionsfindung angesagt ist oder Organisation und Effektivität in der Umsetzung – Veränderung braucht Motivation, Zeit und Durchhaltewillen. Deshalb sind «Neuverhandlungen» angesagt, mit sich selbst und vielleicht auch mit Ihrem Umfeld. «Wie organisiere ich mich, um die nötige Investition an Zeit und Energie bereitzustellen? Ist mein Umfeld bereit, mich dabei zu unterstützen?» Schaffen Sie sich die richtigen Voraussetzungen, um effektiv zu sein.

The Bucket List

Die Bucket List ist eine Liste mit Dingen, die man noch nie gemacht hat und die man machen will, bevor man «den Löffel abgibt». Darum heisst sie auf Deutsch die Löffelliste. Oft stehen auf einer solchen Liste aussergewöhnliche Dinge. Manchmal widerspiegeln sie sehr innige oder gar die geheimsten Wünsche. Es lohnt sich, die eigene Bucket List zu schreiben. Doch warten Sie nicht mit der Umsetzung, bis Sie krank oder kurz vor dem Ableben sind. Beginnen Sie bereits heute damit, sich diese Wünsche zu erfüllen.

Wenn Sie keine Ideen für Ihre Bucket List haben oder eine amüsante Starthilfe ins Thema suchen, schauen Sie sich den Film «The Bucket List» von Rob Reiner an. Jack Nicholson und Morgan Freeman in den Hauptrollen liefern einige Ideen, was Sie noch alles tun könnten und bieten zudem grossartige Unterhaltung.

Standortbestimmung
Werkzeug

Machen Sie eine Standortbestimmung. Mit diesem Werkzeug können Sie sich selber einschätzen und verorten. Beurteilen Sie, wie klar Ihre Vision ist und wie gut Sie im Umsetzen sind. Sie erkennen, ob Sie primär Ihre Vision schärfen oder ob Sie Ihre Umsetzungskompetenz ausbauen wollen.

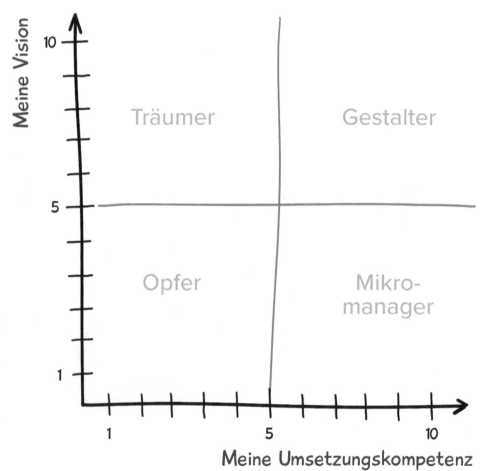

1. Bestimmen Sie zuerst, für welchen der folgenden Bereiche Sie Ihre Standortbestimmung machen wollen:

Familie | Beziehung/Liebe
Beruf/Weiterbildung | Freunde | Wohnen
Hobby | Gesundheit | Kultur/Spiritualität
Reisen

2. Standortbestimmung (für den gewählten Bereich)
» Wie klar ist Ihre Vision im gewählten Bereich (Wert von 1 bis 10)?
» Wie gut ist Ihre Umsetzungskompetenz in Bezug auf Ihre Vision (Wert von 1 bis 10)?

Bestimmen Sie anhand der beiden Werte Ihren aktuellen Standort.

3. Entwicklungsrichtung
» Welchen Wert wollen Sie primär erhöhen? Möchten Sie Ihre Vision schärfen oder Ihre Umsetzungskompetenz ausbauen?
» Wie könnten Sie das tun? Sie finden viele Anregungen dazu in den folgenden Kapiteln.
» Wer könnte Sie darin unterstützen?

4. Position des Gestalters
» Was benötigen Sie, um den Modus des Gestalters zu erreichen?
» Wie könnten Sie diesen Modus ausbauen?

Tipp: Manchmal ist es hilfreich, nach der eigenen Entwicklung zu fragen. Wo haben Sie vor drei Jahren gestanden? Welche Situation war besser? Welche Faktoren haben zum heutigen Standort geführt? Haben Sie Ihre Vision aus den Augen verloren oder ist sie konkreter geworden? Konnten Sie Ihre Umsetzungskompetenz entwickeln oder treten Sie vermehrt an Ort?

Vision entwickeln

Irgendwann im Laufe Ihres Berufslebens fragen Sie sich: «Ist es das gewesen?» Vielleicht haben Sie einiges erzielt und Sie vermögen auch einigermassen abschätzen, was Sie noch erreichen können. Trotzdem ist da diese leise Stimme, die fragt: «Habe ich Freude, habe ich Spass? Tue ich eigentlich gerne, was ich den ganzen Tag tue?» Schieben Sie diese nagende Stimme nicht beiseite. Stellen Sie die Frage nach Ihrer Vision. Was ist Ihre Vision und welche Ziele stecken Sie sich auf dem Weg dahin? Warum stehen Sie jeden Morgen auf? Wofür möchten Sie sich einsetzen und welches ist Ihr Beitrag für eine schönere Welt?

Die meisten von uns wachen nicht einfach eines Morgens auf und wissen: Ich will Astronaut werden, Pianist, Chirurgin oder Quantenphysikerin. Gerade breit talentierten Menschen fällt es oft schwer, Ihre Vision zu finden. Die Versuchung ist gross, sich treiben zu lassen. Der Lebenslauf entwickelt sich dann einigermassen zufällig und man tut, was man gut kann und wofür man bezahlt wird. So findet man sich schliesslich in einer Position wieder, in der diese Fähigkeiten gefragt sind. Ob diese Position den Leidenschaften entspricht und auf die eigene Vision einzahlt; diese wichtige Frage gerät im Karrierestreben leider oft genug in den Hintergrund. Wenn Sie keinen Sinn in Ihrer Tätigkeit sehen und keinen Spass daran haben, können Sie auf die Dauer keine Höchstleistungen erbringen und erleben keine Erfüllung. Im Gegenteil. Sie sind nicht nachhaltig motiviert und laufen Gefahr auszubrennen.

Nehmen Sie das Steuer in die Hand und stellen Sie die wichtigen Fragen. Sind Sie glücklich? Was ist Ihnen wichtig im Leben? Geben Sie Ihrem Leben wieder Sinn. Entdecken Sie Ihre Leidenschaften und leben Sie Ihre Träume. Doch wie den Sinn finden? Wie einen Traum entwickeln? Woher eine Vision nehmen? Manchmal sind wir so gefangen im Hamsterrad, dass wir gar nicht mehr wissen, wofür wir brennen. Dann müssen wir zuerst wieder den Zugang zu uns selbst finden und dazu, was uns wichtig ist.

Was ist überhaupt eine Vision? Eine Vision ist nicht ein konkretes Ziel oder etwa eine bestimmte berufliche Position. Eine Vision ist vielmehr ein erstrebenswerter Zustand. «Make people happy» war die Vision von Walt Disney. Seine Filme waren sein Beitrag dazu, diese Vision zu verwirklichen. Fragen Sie sich also, wozu Sie beitragen möchten, wie Sie leben möchten. Ihre Vision kann lauten «Ich möchte Menschen zu guter Bildung verhelfen» oder «Ich möchte kranke Menschen gesund machen». Sobald Sie Ihre Vision kennen, können Sie Ziele setzen, die Ihrer Vision entsprechen. Zum Beispiel als Professorin zu unterrichten oder ein Spital in einer benachteiligten Region aufzubauen. Selbst wenn Sie Ihr Ziel erreicht haben, bleibt die Vision immer noch «gute Bildung» oder «Gesundheit» und Sie stecken sich einfach ein neues Ziel. Jeder Erfolg ist befriedigend, weil er Ihr Beitrag für eine schönere Welt ist.

Wenn Sie eine Vision haben, verfügen Sie über einen Leitstern in Ihrem Leben. Sie wissen bei jeder Entscheidung, worauf es ankommt. Stellen Sie sich einfach die Frage: «Entspricht diese Entscheidung meiner Vision oder entferne ich mich davon?» So können Sie Ihren Alltag steuern. Der Autor Deepak Chopra formuliert es so: «I control my life by knowing what counts.»

Das folgende Modell unterstützt Sie beim Schärfen Ihrer Vision. Die drei Kreise stehen für Leidenschaften, Fähigkeiten und Werte. Der erste Kreis «Leidenschaften» steht für alle Tätigkeiten, die Sie gerne tun. Aktivitäten, bei denen Sie die Zeit vergessen. Stellen Sie sich einfach die Fragen: «Was bereitet mir Freude?» «Wobei vergesse ich mich und alles um mich herum?»

Der zweite Kreis «Fähigkeiten» steht für die Fähigkeiten und Kompetenzen, die Sie auszeichnen. Das können Fähigkeiten sein, die Sie exzellent beherrschen wie beispielsweise Organisationstalent, ein Handwerk oder analytisches Denken. In diesen Kreis gehören auch Eigenschaften, die Sie einzigartig machen wie beispielsweise Ihre integrierende Art, Ihre ausgeprägte Fähigkeit, zuzuhören oder Ihre Sensibilität für Gruppendynamik.

Der dritte Kreis «Werte» steht für die Werte, die Ihnen wichtig sind. «Worauf legen Sie Wert und wofür wollen Sie sich einsetzen, um die Welt zu einem schöneren Ort zu machen?»

Spannend sind nun die Schnittmengen zwischen den Kreisen. Tätigkeiten, die Sie zwar gut können und die wohl Ihren Werten entsprechen, Ihnen aber keinen Spass machen, sollten Sie reduzieren. Es sind freudlose Tätigkeiten, also sagen Sie künftig «nein». Die Redewendung «tu nie etwas gut, was du nicht gerne tust» steht stellvertretend dafür. Oft sind es genau jene Tätigkeiten, mit denen Sie Ihren Lebensunterhalt verdienen. Sie sind gut darin, was Sie tun. Aber auf dem Weg ging irgendwann Ihre Freude daran verloren. Es ist wichtig, dass Sie erkennen, ob es am Kontext liegt oder ob sich Ihre Interessen und Leidenschaften verändert haben. Können Sie Rahmenbedingungen schaffen, welche Ihre Leidenschaft wieder entfacht? Oder wollen Sie sich verändern und neue Leidenschaften pflegen?

Weiter haben Sie Leidenschaften, die zwar Ihren Werten entsprechen. Doch Sie sind nicht gerade der Meister darin. Sie singen zwar leidenschaftlich gerne, doch für die grosse Solokarriere reicht es nicht. Frage: «Sind Sie sicher?» Tipp: Egal wie gut Sie darin sind oder werden wollen: Pflegen Sie diese Leidenschaften mehr. Oftmals räumen wir solchen Tätigkeiten wenig Zeit ein. Doch es sind genau jene Dinge, die uns nähren und Inspirationsquelle sind.

Schliesslich gibt es Tätigkeiten, die Sie exzellent beherrschen und die Sie leidenschaftlich gerne tun. Diese wollen Sie ausbauen; es sind Ihre Gaben und Talente. Wenn Sie nun Ihre Talente für etwas Sinnvolles einsetzen, das Ihren Werten entspricht, können Sie Ihr Potenzial voll entfalten. Entwickeln Sie Ihre Vision in dieser Schnittmenge. Sie werden nachhaltig motiviert sein und Erfüllung finden.

Vision entwickeln
Tipps

Tipp #1
Leidenschaften pflegen

Der Weg zum erfüllten Leben führt über die Leidenschaften. Wenn Sie etwas tun, fragen Sie sich stets, wie engagiert Sie tatsächlich sind. Nur wenn Sie Ihre Aufgaben lieben und einen Sinn darin sehen, erleben Sie Befriedigung. Suchen Sie vermehrt nach Tätigkeiten, die Ihnen echte Befriedigung geben. Tun Sie mehr davon und folgen Sie Ihren Leidenschaften. Die Minimalisten Millburn und Nicodemus empfehlen folgende Frage als Visionsfindung: «Welche Dinge sind Ihnen so wichtig, dass Sie diese jeden Tag unbedingt tun müssen?» Übrigens steht hier die Formulierung «unbedingt tun müssen» für das englische Wort «must», im Gegensatz zu «have to». Was ist Ihnen also so wichtig, dass Sie es tun müssen? Nicht weil es Ihnen jemand vorschreibt, sondern weil Ihr eigenes Verlangen danach so gross ist.

Tipp #2
Vision als Leitstern

Eine Vision steht für eine erstrebenswerte Zukunft, für die Sie sich einsetzen wollen. Fokussieren Sie Ihre Leidenschaften und Fähigkeiten auf eine grössere Sache, die Ihren Werten entspricht. Was sind Dinge, die Sie hervorragend können und leidenschaftlich gerne tun? Wofür können Sie diese Talente einsetzen, um die Welt zu einem schöneren Ort zu machen? Beispielsweise «Ich möchte Menschen dabei unterstützen, ihr Potenzial zu leben». Formulieren Sie Ihre Vision. Sie wird Ihr Leitstern sein.

Tipp #3
Aufschreiben

Je klarer Ihre Vision ausformuliert ist, desto wahrscheinlicher ist es, dass Sie nach ihr leben. Schreiben Sie Ihre Vision auf. Beschreiben Sie einen Tag in der Vorstellung, Ihre Vision verwirklicht zu haben. Was tun Sie? Wie leben Sie? Wie fühlen Sie sich? Lesen Sie jeden Tag Ihre Vision und sehen Sie sich Ihre Notizen dazu immer wieder an. So fokussieren Sie sich bewusst und unbewusst auf Ihre Vision, und Sie werden nicht nur Ihre Gedanken, sondern auch Ihre Taten darauf ausrichten.

Tipp #4
Visualisieren

Malen Sie sich aus, welches Leben Sie führen möchten. Sammeln Sie Bilder, Symbole und Gegenstände, die Ihre Vision darstellen und Sie stets daran erinnern. Gestalten Sie daraus eine Collage oder kleben Sie alles an eine Wand. So erschaffen Sie Ihr persönliches Vision Board. Platzieren Sie das Vision Board so, dass Sie es jeden Tag sehen.

Tipp #5
Verankern

Suchen Sie sich einen Gegenstand, der für Ihre Vision steht. Das kann ein kleiner Stein sein, ein Armband, eine Postkarte, ein Figürchen. Etwas, das klein genug ist, um es stets bei sich zu tragen. Laden Sie diesen Gegenstand mit Ihrem Verlangen nach dieser Zukunft auf. Stellen Sie sich vor, wie es sich anfühlt, wenn Sie Ihre Vision leben. Tragen Sie diesen Gegenstand immer bei sich. So können Sie jederzeit das Gefühl, das Sie mit Ihrer Vision verbinden, abrufen. Das hilft Ihnen, auf dem richtigen Weg zu bleiben und sich immer wieder für Ihre Vision zu engagieren. Ein sehr bekanntes Beispiel für einen solchen Gegenstand ist das «Livestrong»-Armband aus Silikon, das der Radfahrprofi Lance Armstrong an der Tour de France 2004 trug. Dieses Armband mit seinem Motto «live strong» half ihm, seinen Krebs zu besiegen.

Alles, was Sie brauchen, ist weniger

Gemäss den Minimalisten Joshua Fields Millburn und Ryan Nicodemus sind fünf Dimensionen wichtig für ein erfülltes Leben: Gesundheit, Beziehungen, Leidenschaft, Wachstum und Beitrag. Die beiden sind überzeugt, dass weniger mehr ist. Wenn Sie sich auf die wichtigen Dinge im Leben beschränken und den ideellen sowie materiellen Müll entsorgen, können Sie ein erfülltes Leben führen. Für den radikalen Ansatz schauen Sie sich die «21-Day Journey into minimalism» an. Sie identifizieren dabei die wichtigsten Dinge, die Sie jeden Tag tun müssen (im Sinne von unbedingt wollen). Damit beschreiben Sie Ihr Leben, das Sie leben wollen. Ihre Leidenschaften stehen für Ihre Vision und dienen Ihnen als Leitstern bei Ihren täglichen kleinen und grossen Entscheidungen. In der Konsequenz befreien Sie sich dann auch von allen Dingen, die Sie für Ihre Vision nicht benötigen. So erhalten Sie von Millburn und Nicodemus beispielsweise am dritten Tag die Aufgabe, Ihre gesamte Wohnung leer zu räumen. Machen Sie die 21-Tages-Reise und verlieren Sie auch Ihre Angst, etwas zu verlieren: www.theminimalists.com.

Werkzeug

Das folgende Werkzeug hilft Ihnen, Ihre Vision zu entwickeln. Sie bauen für die Visionssuche auf Ihren Leidenschaften auf. Ziel ist, dass Sie Ihre Talente für etwas einsetzen, worin Sie Sinn sehen. Dann können Sie Ihr Potenzial voll entfalten.

Tipp: Schreiben Sie auf Post-its, damit Sie die Dinge in den Kreisen flexibel innerhalb oder ausserhalb der Schnittmengen platzieren können.

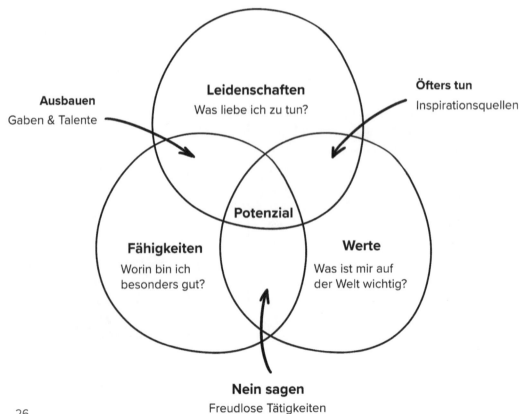

Leidenschaften

» Wobei vergessen Sie sich selbst und die Zeit?
» Bei welchen Tätigkeiten kommen Sie in den Flow?

Tipp: Wenn es Ihnen schwer fällt: Erinnern Sie sich an früher – was haben Sie früher oder als Kind gerne getan? Schreiben alle diese Tätigkeiten in den betreffenden Kreis.

Werte

» Welche Werte sind Ihnen wichtig?
» Welche Dinge machen die Welt zu einem schöneren Ort?
» Wozu wollen Sie beitragen?

Fähigkeiten

» Welche Tätigkeiten können Sie besonders gut?
» Welche Eigenschaften und Kompetenzen zeichnen Sie aus?

Tipp: Fragen Sie Ihr berufliches und privates Umfeld nach Ihren besonderen Fähigkeiten. Sie werden von Talenten hören, deren Sie sich gar nicht bewusst waren, weil diese für Sie selbstverständlich sind.

Vision

Welche Leidenschaften, Fähigkeiten und Werte liegen in der inneren Schnittmenge? Entwickeln Sie daraus eine Vision, für die Sie sich engagieren wollen. Da liegt auch Ihr Potenzial, das Sie entfalten möchten.

Meine Vision

Vision entwickeln
Werkzeug

Dieses Werkzeug unterstützt Sie ebenfalls bei der Entwicklung Ihrer Vision. Damit gewinnen Sie Klarheit, worauf Sie in Ihren verschiedenen Lebensbereichen Wert legen und wie Sie in Ihrer Rolle als Partner, im Beruf, als Mutter, etc. leben möchten. Erarbeiten Sie mit diesem Instrument, was Sie am allerliebsten möchten. Beschreiben Sie Ihre Idealvorstellung als Vision. Sie dient Ihnen als Leitstern.

Überlegen Sie sich für jeden der neun Bereiche, was Ihnen wichtig ist.

Beschreiben Sie den Idealzustand. Seien Sie anmassend: Schreiben Sie auf, was Sie wirklich am allerliebsten möchten. Ohne Zensurstimme – das kann ich nicht, steht mir nicht zu – schreiben Sie Ihren tiefsten Herzenswunsch auf. Ohne Wenn und Aber.

Bewerten Sie dann für jeden Bereich auf einer Skala von 1 bis 10, wie nah Ihr jetziger Zustand dem Ideal kommt. Dabei steht 10 für den Idealzustand.

Notieren Sie anschliessend, was Sie in diesem Bereich tun wollen, um Ihrem Ideal näher zu kommen. Formulieren Sie ein positives Ziel. Sie können sich auf die Bereiche konzentrieren, die Ihnen am wichtigsten sind oder in denen Sie weit vom Ideal entfernt sind.

Folgende Fragestellungen unterstützen Sie im Bestreben, Ihrem Idealzustand näher zu kommen:

» Welche Dinge sind Ihnen wichtig?
» Was tut Ihnen gut?
» Was möchten Sie deshalb vermehrt tun?
» Wie oft, wann und gegebenenfalls mit wem?

Ziele setzen

Sie haben Ihre Vision ausformuliert und verfügen damit über einen Leitstern, der Ihnen den Weg weist. Ihre Vision ist vermutlich sehr allgemein gehalten wie beispielsweise: «Ich möchte den Menschen zu guter Bildung verhelfen.» Deshalb ist es sinnvoll, dass Sie sich Ziele setzen, wie Sie Ihre Vision leben können. Diese Ziele sind konkreter als Ihre Vision und stehen für Zwischenschritte auf Ihrem Weg dahin. Es

geht also darum, überschaubare Etappen zu definieren.

Ich höre oft Ziele wie «eine Vertriebsstrategie erarbeiten», «ein Key Performance Index (KPI) Modell entwickeln» oder «ein Haus bauen». Super, dann machen wir mal ... Vielleicht ist sogar noch ein Termin gesetzt. Immerhin. Doch appelliert eine solche Zielsetzung nun an meine Lust, mich wirklich auf den Weg zu machen, weil das Entwickeln eines KPI-Modells so spassig ist? Ok, ich bin ein bisschen böse. Doch solch technokratische und gefühlsentleerte Zielformulierungen bringen nun mal meine Leidenschaft nicht zum Glühen, geschweige denn zum Entfachen des Feuers.

Oft umschreiben Ziele bloss die Tätigkeiten, die zur Zielerreichung führen. Doch ein Ziel beschreibt – wie Ihre Vision — einen Zustand in der Zukunft. Welche Wirkung möchten Sie erzielen? Sobald Sie das beschreiben, wecken Sie Ihre Motivation und jene Ihres Teams. Antoine de Saint-Exupery hat es wunderschön formuliert: «Wenn du ein Schiff bauen willst, so trommle nicht Männer zusammen um Holz zu beschaffen, Aufgaben zu vergeben und die Arbeit einzuteilen, sondern lehre die Männer die Sehnsucht nach dem weiten, endlosen Meer.»

Setzen Sie sich also ein Ziel, das Sie unbedingt erreichen möchten. Wenn Sie kein Verlangen danach haben, wird Ihnen auf dem Weg der Schnauf ausgehen oder Sie geben nach dem ersten Misserfolg auf. Darum ist es entscheidend, dass ein Ziel emotional «aufgeladen» ist und deutlich macht, was Sie gewinnen, wenn Sie das Ziel erreichen. Für die Vision «Ich möchte den Menschen zu guter Bildung verhelfen» könnte ein Ziel so lauten: Jugendliche kommen gerne in unsere Schule, weil Sie bei uns Dinge lernen können, die relevant für sie sind. Wie und bis wann Sie das nun erreichen wollen, ist Teil der weiteren Arbeit. Der Effekt, den Sie erzielen wollen, ist mit dieser Zielformulierung gesetzt und ambitiös. Und Ihr Ehrgeiz hoffentlich geweckt.

Ein Ziel fokussiert Ihre Aufmerksamkeit auf einen erstrebenswerten Zustand und ermöglicht Ihnen, Ihre Handlungen darauf auszurichten. Nur so können Sie effektiv werden. Wenn das Ziel Ihrer Vision entspricht, so ist der Erfolg auch nachhaltig befriedigend.

Ziele setzen
Tipps

Tipp #2
Herausfordernd

Das Ziel soll herausfordernd sein. Stecken Sie sich ein Ziel, dass Sie nicht so einfach erreichen können. Das weckt Ihren Ehrgeiz. Wenn Sie bereits heute wissen, wie Sie das Ziel erreichen, droht der Weg dahin zur Fleissübung zu werden. Ein Ziel muss so gesteckt sein, dass Sie noch nicht so genau wissen, wie Sie dahin kommen. Sie müssen die Gelegenheit haben, aus sich herauszukommen – das ist schliesslich der Sinn einer Herausforderung. An einer Herausforderung müssen Sie wachsen können. Das gibt Ihnen das Gefühl, lebendig zu sein.

Tipp #1
SMART oder sehnsüchtig

OK, das haben wir schon x-fach gehört. SMART: spezifisch, messbar, attraktiv, realistisch und terminiert. Das macht Sinn. Doch ich bin da nicht ganz so rigide und kann gut mit einer Zielformulierung leben, welche die Wirkung in den Vordergrund stellt und damit die Sehnsucht weckt. Nehmen wir wieder das Ziel Vertriebsstrategie. «Wir wissen, wie wir erfolgreich Kunden gewinnen und mit ihnen wachsen können. Wir wissen, wie wir die Nummer eins werden.» Sie können an eine solche Zielformulierung immer noch einen Termin hängen und ein Lieferobjekt definieren, falls Ihnen die Form wichtig ist. Entscheidend ist, dass Sie den Zustand erstrebenswert machen. In diesem Beispiel ist es die Nummer eins und in der Lage zu sein, den Markt erfolgreich zu bearbeiten.

Tipp #3
Zwischenziele

Definieren Sie Zwischenschritte und legen Sie Zwischenziele fest. Das heisst so viel wie: Schneiden Sie den Elefanten in Scheiben. Damit reduzieren Sie die Komplexität und definieren überblickbare Aufgaben. So wird selbst ein äusserst ambitioniertes Ziel machbar. Die Zwischenziele dienen dazu, den Fortschritt zu erkennen. Die Zwischenergebnisse motivieren für den weiteren Weg.

Tipp #4

Einbezug der Mitarbeitenden

Falls Sie in einem Unternehmen arbeiten, beziehen Sie unbedingt die Mitarbeitenden in die Zieldefinition mit ein. So stellen Sie ein gemeinsames Verständnis sicher. Überprüfen Sie gemeinsam, ob das Ziel emotional aufgeladen ist, also die Motivation der Mitarbeitenden entfacht. Das setzt voraus, dass Sie die Wirkung aufzeigen und benennen können, warum dieser Zustand erstrebenswert ist. Stellen Sie die Frage nach dem Nutzen: «Was gewinnen wir alle, wenn wir das Ziel erreichen?»

Tipp #5

Sofort anpacken

Wenn Sie ein Ziel definiert haben, das Ihrer Vision entspricht, geht es in die Umsetzung. Selbstverständlich erfordert eine ambitionierte Zielsetzung auch eine entsprechende Planung (siehe Erfolgsfaktor «Planung»). Doch entscheidend ist, dass Sie rasch in den Umsetzungsmodus kommen. Legen Sie bereits heute fest, was Sie morgen tun, um Ihrem Ziel einen Schritt näher zu kommen. Das kann sein, dass Sie sich für morgen ein Zeitfenster reservieren, um die Planung voranzutreiben. Oder Sie organisieren einen Termin mit einer Fachperson. Oder Sie führen ein Gespräch mit einem Kollegen, der etwas Ähnliches realisiert hat. Von heute an sollte das Ziel in Ihrem Terminkalender ersichtlich sein: Wann arbeiten Sie an Ihrer Zielerreichung?

Ziele setzen

Werkzeug

Dieses Werkzeug unterstützt Sie bei einer guten Zielformulierung. Sie wollen wissen, welche Wirkung Sie erzielen und was Sie gewinnen. Damit stacheln Sie Ihre Motivation an und können auch andere für den Weg begeistern.

Mein Ziel
SMART (spezifisch, messbar, attraktiv, realistisch, terminiert) oder sehnsüchtig

Was bewirke ich mit dem Ziel? Was gewinne ich?

Zwischenziele

Was ist die Herausforderung?

Was kann ich dabei lernen?

Was tue ich morgen für die Zielerreichung?

Kapitel 2

Erfolgsfaktoren

Sie haben Ihre Vision entwickelt und konkrete Ziele definiert. Machen Sie sich auf den Weg und leben Sie Ihre Vision. Die Erfolgsfaktoren zeigen Ihnen, wie Sie Ihre Energie bündeln und die volle Wirkung erzielen können. Damit Sie nicht bloss aktiv sind, sondern effektiv.

Schlafen

Wollen Sie produktiver sein? Dann gehen Sie ins Bett. Schlafen Sie mehr. Das klingt fast absurd. Doch im Wissen darum, dass wir tendenziell zu wenig schlafen, ist die Aussage angebracht. Tatsächlich ist genug Schlaf wichtig für Höchstleistungen. Das leuchtet uns sofort ein, wenn wir an sportliche Höchstleistungen denken. Es gilt jedoch genauso für Denkarbeit. Sie kennen das Leiden nach einer durchwachten Nacht: Sie sind fahrig, können sich schlecht konzentrieren und reagieren gereizt. Letzteres findet zumindest Ihr Umfeld.

Auch heute gibt es noch Menschen, die sich damit brüsten, lediglich vier Stunden Schlaf zu benötigen. Solche Leute halten sich in der Regel für besonders leistungsfähig und glauben, ihre Augenringe seien der Gradmesser für Intelligenz.

Bei den meisten ist der Schlafmangel wohl auf die vielen Interessen, Aktivitäten und Ablenkungen zurückzuführen. Wir glauben, alles machen zu können und zu müssen. Nur dumm, dass der Tag zu kurz dafür ist. Also zweigen wir uns die Zeit vom Schlaf ab. Ich will doch nach der Arbeit, die wie immer länger dauert als geplant, noch rasch einkaufen, dann ins Training, anschliessend mit den Kollegen ins Bier, das happy update in den sozialen Medien muss auch noch sein und ach ich sollte nach Hause, schliesslich will ich noch was essen, oh ich bin zu faul zum Kochen, Chips tun's auch, also warum nicht gleich aufs Sofa, noch rasch eine Folge der Lieblingsserie schauen, oder zwei... Und schon ist wieder ein Tag vorbei und ich bin viel zu spät im Bett.

Warum benötigen wir den Schlaf? Der Hauptgrund für unser Bedürfnis nach Schlaf ist unser Gehirn. Nachts, wenn wir Ruhe vom ständigen Input haben, werden die tagsüber aufgenommenen Informationen reaktiviert und – vereinfacht gesagt – sortiert und im Langzeitgedächtnis gespeichert. Im Schlaf können sich zudem die Organe und das Immunsystem regenerieren und der Körper hat die Möglichkeit, Abfallstoffe abzuführen und sich entsprechend zu entgiften. Kurz gesagt, nachts räumen wir auf und putzen unser Hirn, um am Morgen frisch und munter aufzuwachen.

Müssen Sie bei «frisch und munter» seufzen, weil das ein schon fast vergessenes Gefühl ist und Sie sich am Morgen mühsam aus dem Bett quälen? Nehmen Sie sich die Tipps zu Herzen und gönnen Sie sich mehr Schlaf. Sie können nicht nur mehr leisten, sondern Sie fühlen sich wohler, sind entspannter und zufriedener.

Schlafen
Tipps

Tipp #1
Mehr schlafen

Sieben bis neun Stunden Schlaf sind für Erwachsene ideal. Natürlich ist der Schlafbedarf individuell, doch ein Schlafmanko über längere Zeit ist Raubbau am Körper und mindert die Leistungsfähigkeit. Hand aufs Herz: Kommen Sie auf Ihre sieben bis neun Stunden pro Nacht? Schon eine Stunde mehr Schlaf als bisher erhöht Ihre Produktivität. Also nichts wie ab ins Bett. Gehen Sie wenn möglich immer zur selben Zeit schlafen und stehen Sie stets zur gleichen Zeit auf. Ihr Körper gewöhnt sich daran und wird es Ihnen mit rascherem Einschlafen und einfacherem Aufstehen danken. Stellen Sie beim Schlafengehen Ihre innere Uhr und Sie werden einige Minuten vor dem Wecker aufwachen. Welch herrliches Gefühl.

Tipp #2
Kein Blaulicht

Das Auge steuert unter anderem auch den Schlaf-Wach-Rhythmus. Ist die Netzhaut abends viel Licht mit hohem Blauanteil (z.B. LED-Lichtquellen) ausgesetzt, so interpretiert das Hirn das Licht als Tageslicht. Es blockiert die Ausschüttung von Melatonin – dem Hormon, das uns schläfrig macht. Wenn Sie also vor dem Zubettgehen stundenlang in Ihr Handy starren, stören Sie die biologischen Mechanismen, die den Schlaf einläuten.

Tipp #3
Die Stunde vorher

Achten Sie sich, was Sie in der Stunde vor dem Schlafengehen tun. Vermeiden Sie fettiges Essen und Alkohol, hohen Lärmpegel und Bildschirmarbeit. Bereiten Sie sich stattdessen auf einen optimalen Schlaf vor. Am besten sind Rituale, die Ihren Körper und Geist beruhigen. Gönnen Sie sich ein Bad, entspannte Lektüre oder denken Sie einige Minuten über den Tag nach: Was waren die drei schönsten Dinge, die Sie heute erlebt haben?

Tipp #4
Gut schlafen

Ist es wirklich dunkel in Ihrem Schlafzimmer? Sorgen Sie für eine optimale Schlafumgebung. Eliminieren Sie störende Lichtquellen und räumen Sie alle Dinge weg, die Sie an Arbeit oder andere unerledigte Dinge erinnern. Sorgen Sie für ein gutes Raumklima. Ihr Schlafzimmer soll ein Rückzugsort und eine Oase der Entspannung sein.

Tipp #5
Schlafbuch

Wie oft sagen Sie sich «Ich bin um elf Uhr schlafen gegangen», nur weil Sie dann gerade auf die Uhr geschaut daran gedacht haben, ins Bett zu gehen? Bis Sie dann aber wirklich unter der Decke lagen und das Licht gelöscht haben, war Viertel nach zwölf, oder? Führen Sie ein Schlafbuch, also ein Tagebuch über den Schlaf. Notieren Sie über einige Wochen hinweg, wann Sie zu Bett gehen, wann Sie das Licht löschen, wie lange Sie schlafen und wie gut Ihr Schlaf ist. Sobald Sie Ihr Verhalten messen, entdecken Sie, wie lange Sie wirklich schlafen und erkennen, was Sie verbessern können.

Schlafen

Es gibt unzählige Apps zum Thema Schlafen und zur Schlafqualität: Sleep Cycle, Sleep better, Runtastic Better Sleep, Guten Morgen Wecker, Relax Melodies. Damit zeichnen Sie Ihr Verhalten auf und können erkennen, wie lange und wie gut Sie schlafen.

Für Morgenmuffel empfiehlt sich ein Schlafphasen- oder Lichtwecker, der Sie während einer leichten Schlafphase oder mit imitiertem Sonnenaufgang sanft aus dem Schlaf holt. Der Schlafphasenwecker ist in allen oben genannten Schlaf-Apps enthalten, ausser im Relax Melodies.

Schlafen
Werkzeug

Führen Sie ein Schlafbuch, also ein Tagebuch über Ihren Schlaf. Sie notieren Ihr Verhalten rund ums Schlafen und werden sich bewusst, wie viel, wie gut und wie regelmässig Sie tatsächlich schlafen. Das Aufzeichnen alleine genügt oft schon, eine Verhaltensänderung einzuleiten. Weil Sie dadurch Klarheit über Ihre effektive Schlafdauer erhalten. Je genauer Ihre Notizen sind, desto besser erkennen Sie, wo Sie ansetzen möchten, um Ihren Schlaf zu verlängern oder zu verbessern.

Führen Sie drei Wochen lang Tagebuch und notieren Sie:

» Was Sie in der Stunde vor dem Schlafengehen machen.
» Wann Sie zu Bett gehen und das Licht löschen.
» Wie lange Sie brauchen, um einzuschlafen.
» Wann Sie aufstehen.
» Wie gut Sie geschlafen haben auf einer Skala von 1 bis 10.
» Wie erholt Sie sich beim Aufwachen fühlen auf einer Skala von 1 bis 10.

In der Stunde vor dem Schlafengehen habe ich

Ich bin um _____ zu Bett gegangen und habe um _____ das Licht gelöscht.

Ich bin nach _____ Minuten eingeschlafen.

Ich bin um _____ aufgestanden.

Berechnen Sie:

» Wie viele Stunden Sie durchschnittlich pro Nacht schlafen.

» Wie gut Ihre durchschnittliche Schlafqualität ist.

» Wie erholt Sie sich im Schnitt beim Aufwachen fühlen.

Beurteilen Sie aufgrund Ihrer Aufzeichnungen, wo Sie ansetzen möchten:

» Schlafdauer

» Schlafqualität

» Zeitpunkt des Aufstehens

Anmerkung: Obige Tipps helfen die Schlafdauer und Qualität des Schlafes zu verbessern. Bei tiefer liegenden Schlafstörungen konsultieren Sie bitte eine Fachperson.

Schlafqualität

Bewerten Sie Ihre Schlafqualität.

10 — Wie ein Murmeltier
—
—

— Ich bin ein oder zwei
Mal aufgewacht,
5 — aber sofort wieder
— eingeschlafen

—
—
1 — Ich habe gar nicht
geschlafen

Erholt sein beim Aufwachen

Bewerten Sie, wie erholt Sie sich nach dem Aufwachen fühlen.

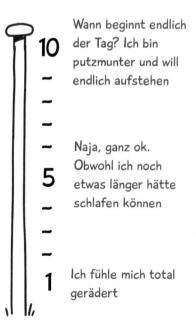

10 — Wann beginnt endlich
der Tag? Ich bin
— putzmunter und will
endlich aufstehen

— Naja, ganz ok.
Obwohl ich noch
5 — etwas länger hätte
— schlafen können

—
—
1 — Ich fühle mich total
gerädert

Körperliche Fitness

Unser Körper braucht Bewegung. Sie sind nicht als Sofakartoffel (Couch Potato) geboren. Wenn Sie nichts für Ihren Körper tun, kriegen Sie Standschäden. Sind Sie ein Bewegungsmuffel? Keine Sorge, Sie müssen nicht plötzlich einen Marathon laufen.

Eine gesunde physische Verfassung ist die Basis unserer Leistungsfähigkeit. Das bedingt eine gute Ernährung, ausreichend Bewegung und genügend Schlaf. Ohne detailliert auf die Ernährung einzugehen, so lässt sich doch festhalten, dass wir tendenziell zu viel Zucker, Fett und zu salzig essen – und wohl manche von uns trinken zu oft und zu ausgiebig Alkohol. Zu viel Zucker schwächt die Konzentrationsfähigkeit und macht unruhig, zu viel Fett und Alkohol sind in mehreren Belangen eine Belastung für Körper und Kreislauf. Dass eine ausgewogene

Ernährung die Leistungsfähigkeit verbessert, leuchtet ein. Aktuelle Studien zeigen sogar einen Zusammenhang zwischen Ernährung und Intelligenz auf. So konnten die Forscher um die Epidemiologin Kate Northstone zeigen, dass sich eine entsprechende Ernährung bei Kindern positiv auf die Entwicklung des Intelligenzquotienten auswirkt.

Ebenso entscheidend ist ausreichende Bewegung – der Zusammenhang zwischen körperlicher Betätigung und kognitiver Leistungsfähigkeit ist belegt und man kann zusammenfassend sagen: Bewegung erhöht die Aufmerksamkeit und Konzentrationsfähigkeit, stärkt die Entscheidungsfähigkeit und verbessert die Gedächtnisleistung und Regenerationsfähigkeit. Das klingt doch vielversprechend, oder?

Sie wollen also – ausgehend von Ihrem Fitnesszustand – mehr und bewusste Bewegung in Ihren Alltag integrieren. Suchen Sie sich eine Bewegungsart aus, die Ihnen entspricht und Spass macht. Wenn Sie keine Freude an einer Bewegungsart haben, hören Sie wieder auf damit, bevor Sie Ihre körperliche Fitness steigern und ein besseres Wohlbefinden geniessen können. Es kann Tanzen sein, Golfen, Yoga, Schwimmen oder Wandern. Sie könne auch einfach öfters zu Fuss gehen oder mit dem Fahrrad radeln statt in die Strassenbahn oder ins Auto zu sitzen. Bauen Sie die Bewegungseinheiten möglichst regelmässig in Ihren Alltag ein, sodass es zum Ritual wird. Jeden Morgen eine Haltestelle zu Fuss, jeden Abend einen langen Spaziergang oder jeden zweiten Tag Joggen. Hauptsache regelmässig, sodass Sie

sich nicht jedes Mal erneut aufraffen müssen, sondern die Bewegung so selbstverständlich wie das Zähneputzen wird. Verbessern Sie Ihr Wohlbefinden wie auch Ihre Leistungsfähigkeit mit einer ausgewogenen Ernährung und regelmässigem Sport. Spürbar.

Bewegung macht aufmerksam

Ein unterhaltsamer Einstieg ins Thema bietet die Neurologin Wendy Suzuki. Ihre Forschungsergebnisse zeigen: Dank Bewegung werden Sie aufmerksamer, leistungsfähiger und kreativer. Die Forscherin berichtet nicht nur verständlich von ihren Studienergebnissen, sondern schildert auf amüsante Art ihre Erfahrungen mit dem Selbstexperiment. Lassen Sie sich zu mehr Bewegung animieren. Wendy Suzuki: The brain-changing benefits of exercise auf Ted.com.

Entdecken Sie die Freude an der Bewegung und folgen Sie der Anleitung von Christopher Bergland: The Athlete's Way. Weitere eingängige Tipps geben zudem die Wissenschaftler Lawrence Robinson, Jeanne Segal und Melinda Smith auf helpguide.org 2018.

Körperliche Fitness
Tipps

Tipp #1
Mein fittes Ich

Stellen Sie sich vor, wie Sie sich fühlen, wenn Sie fitter sind als heute. Wie fühlt sich das an? Wie sehen Sie aus? Welchen Energielevel haben Sie? Welche Tätigkeiten können Sie dann wieder machen, die Sie heute aus Anstrengung vermeiden? Freuen Sie sich auf Dinge, die Sie sich dann wieder zutrauen. Verinnerlichen Sie Ihr eigenes fittes Ich, um sich zu motivieren und auf Langstrecken besser durchzuhalten.

Tipp #2
Körperliches Bewusstsein schärfen

Im hektischen Alltag geht oftmals die Verbindung zum eigenen Körper verloren. Sie nehmen Verspannungen zu spät wahr oder eine Erkältung passt grad nicht in Ihren vollen Terminkalender. Statt auf den Körper zu achten, ignoriert man die Schmerzsignale oder erstickt sie mit Medikamenten. Finden Sie Methoden, wie Sie Verspannungen lösen können, sei es dank eines Spaziergangs mit bewusstem Armschwingen, Pilates oder einer Massage nach der Sauna. Wenn Sie krank werden, gönnen Sie Ihrem Körper die Bettruhe, die er braucht. Sie werden rascher wieder gesund, als wenn Sie sich randvoll mit Medikamenten durch den Terminkalender peitschen. Pflegen Sie eine aufmerksame und liebevolle Beziehung zu Ihrem Körper. Er ist nicht nur Ihre Leistungsbasis. Er ist Ihr Zuhause. Sie wollen sich darin wohlfühlen.

Tipp #4
Körperliche Fitness stärken

Drei- bis viermal wöchentlich eine sportliche Betätigung ist ideal. Das ist für sportliche Leute ein Vergnügen, für Bewegungsmuffel eine Herausforderung. Suchen Sie sich eine Bewegungsart, die Ihnen entspricht. Es kann auch täglich eine halbe Stunde rasches Gehen sein. Empfohlen sind rund 10'000 Schritte täglich, die Sie zum Beispiel mit einem Schrittzähler erfassen können. Falls Sie Ansporn von aussen benötigen: Engagieren Sie einen Personal Trainer, ob real oder virtuell mit einer App. Ihr Körper, Ihr Wohlbefinden und Ihre Leistungsfähigkeit werden es Ihnen danken. Übrigens: Den Personal Trainer vergessen Sie weniger leicht als Ihr Fitness-Abonnement.

Tipp #3
Locker bleiben

Gerade in langen Sitzungen oder beim Arbeiten am Computer passiert es rasch, dass man lange in derselben Position verharrt oder sich verkrampft. Bewegen Sie sich oft und verändern Sie bewusst immer wieder Ihre Haltung. Stehen Sie auf, gehen Sie einige Schritte, lockern Sie nicht nur Hals und Nacken sondern alle Gelenke, indem Sie kurz Ihre Gliedmassen schütteln. Die Energie kann im lockeren Körper besser fliessen.

Tipp #5

Gut essen

Es gibt wohl kaum ein Gebiet, das so viele, teils widersprüchliche Theorien bietet wie die Ernährung. Falls Sie ein gutes Ernährungsbewusstsein haben, wissen Sie in der Regel selber, wo Sie ansetzen müssen. Oder wie war das mit der Tafel Schokolade am Nachmittag oder der Packung Chips vor dem TV? Fühlen Sie sich unsicher in Sachen Ernährung, konsultieren Sie eine Ernährungsberatung. So können Sie individuelle Massnahmen definieren, um Ihre Ernährung zu verbessern. Tun Sie sich und Ihrer Gesundheit diesen Gefallen.

Wie Sie Ihren Po vom Sofa hochkriegen

Der Sport ist ein wunderbares Beispiel für gute Vorsätze, die man nie umsetzt. Ich will mehr Sport machen, kaufe mir neue Turnschuhe und nehme mir fest vor, drei Mal wöchentlich joggen zu gehen. Doch meist bleibt es bei den guten Vorsätzen und die neuen Turnschuhe setzen Staub an. Ich auch. Warum ist es so schwierig, sein Verhalten zu ändern?

Unser Gehirn hält uns grundsätzlich von Neuem ab. Denn Neues ist unbekannt und deshalb potenziell gefährlich. Das Gehirn will uns vor Risiken schützen. Wenn wir nun einen Impuls haben und nicht sofort aktiv werden, findet unser Verstand unzählige Gründe, warum wir das nicht tun sollten. So auch beim neu gesetzten Vorsatz, regelmässig joggen zu gehen. «Ich will joggen gehen» denke ich auf dem Sofa sitzend. «Hmm, aber es könnte regnen, meine Lieblingssocken sind in der Wäsche und überhaupt – joggen ist anstrengend. Lass uns doch zuerst einen Kaffee trinken …» Und so bleibe ich sitzen. Was braucht es, um meinen Po vom Sofa hochzukriegen und joggen zu gehen? Ich habe mehrere Tricks:

1. Erreichbare Ziele setzen: Manche Leute nehmen sich vor, jeden Tag eine halbe Stunde joggen zu gehen, obwohl sie seit Jahren keinen Sport mehr gemacht haben. Setzen Sie sich Ziele, die Sie ganz sicher erreichen können, beispielsweise jeden zweiten Tag zehn Minuten rasches Gehen. Sobald Sie das zur Gewohnheit gemacht haben, setzen Sie sich Ihr Ziel höher: zehn Minuten Traben. Und so weiter.

2. System etablieren: Ich etabliere ein System, das den Sport regelmässig vorsieht, beispielsweise immer Montags, Mittwochs und Samstags. Nach einer gewissen Zeit wird ein Ritual daraus (siehe auch Erfolgsfaktor «Planung»).

3. Gewinn und Belohnung: Ich konzentriere mich darauf, was ich gewinne. Ich fühle mich wohler, bin geschmeidiger und schlafe besser. Manchmal belohne ich mich zusätzlich und gönne mir eine Massage.

4. Hindernisse ausräumen: Ich stelle meine Joggingschuhe am Abend vorher vor die Türe und lege meine Trainingssachen parat. Ich gehe nicht ganz so weit wie Shawn Achor, der angeblich in seinen Trainingssachen schläft, um morgens keine Ausreden mehr zu haben.

5. Verbindlichkeit schaffen: Ich bin ein Fan von Runbet (siehe Geheimtipp).

Legen Sie sich einen Fitness Tracker zu, der Ihre Aktivitäten misst (Samsung, Garmin oder Apple Watch). Oder Sie suchen sich eine App aus, die Sie bei Ihrem Training unterstützt. Es gibt verschiedene Arten, je nachdem, welche Sportarten Sie mögen: Tabata Stopwatch Pro, Runtastic Results Fitness, Asana Rebel (integriert auch Yogasessions ins Fitness), Sworkit oder die 30 Tage Fitness Challenge.

Geheimtipp: Runbet

Einen äusserst motivierenden Ansatz bietet Jamie Rosen mit waybetter.com. Auf dieser Seite wählen Sie eine Challenge mit entsprechendem Trainingsplan und schliessen darauf eine Wette ab. Alle Challenge Teilnehmer zahlen denselben Betrag in einen Topf ein. Sie messen mit einem Fitness Tracker Ihre sportliche Betätigung und laden die Ergebnisse auf Runbet hoch. Sie können jederzeit sehen, wie gut Sie und alle anderen Teilnehmer im Trainingsplan stehen. Wer das Soll nicht erfüllt, scheidet aus der Challenge aus und muss das Geld im Topf lassen. Der Inhalt des Topfes wird schliesslich unter den Gewinnern aufgeteilt. Wenn Sie also Ihren Plan einhalten, kriegen Sie Ihren Einsatz mit Gewinn obendrauf zurück. Die App gibt es für verschiedene Sportarten: Runbet, Fitbet, Dietbet, Sweatbet.

Körperliche Fitness
Werkzeug

Bewerten Sie Ihre körperliche Fitness. Legen Sie eine Bewegungsart oder sportliche Betätigung fest, die Sie mindestens drei Mal pro Woche ausüben. Tragen Sie die Termine fix in Ihren Kalender ein. Setzen Sie sich zum Ziel, Ihre Fitness in den nächsten drei Monaten um mindestens zwei Punkte zu steigern. Sie werden sich dadurch nicht nur energiegeladener fühlen, sondern auch effektiv leistungsfähiger sein.

Bewegung
Bewerten Sie Ihre körperliche Fitness.

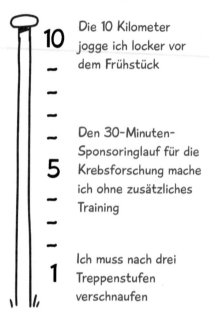

10 Die 10 Kilometer jogge ich locker vor dem Frühstück

5 Den 30-Minuten-Sponsoringlauf für die Krebsforschung mache ich ohne zusätzliches Training

1 Ich muss nach drei Treppenstufen verschnaufen

1 bis 3 Punkte:
Bewegungsmuffel

Zugegeben, Sie sind ein Bewegungsmuffel. Trotzdem – oder deshalb – werden Sie sich ab sofort mehr bewegen. Stecken Sie sich das Ziel, Ihre Fitness innerhalb der nächsten drei Monate um zwei bis drei Punkte zu steigern und setzen Sie von heute an einen der folgenden Punkte um:

» Mit dem Fahrrad zur Arbeit fahren.
» Eine Bushaltestelle später einsteigen und eine früher aussteigen und mehr zu Fuss gehen.

» Treppen steigen statt den Aufzug nehmen.
» Täglich einen zehnminütigen Spaziergang machen.
» Jeden Morgen zu Ihrer Lieblingsmusik zehn Minuten lang tanzen.
» Einen Personal Trainer engagieren, weil sonst gar nichts passiert.

Nehmen Sie sich nicht zu viel vor – zum Beispiel dreissig Minuten zu joggen – sondern setzen Sie sich ein Ziel, das Sie erreichen können: zehn Minuten rasches Gehen. Sammeln Sie Erfolgserlebnisse. Sobald das rasche Gehen zur Gewohnheit geworden ist, beginnen Sie mit Traben. Für den Einstieg gilt: Lieber weniger, dafür öfter.

4 bis 7 Punkte: Bewegungsfreudig

Schön. Sie bewegen sich gerne. Legen Sie fest, wie Sie innert dreier Monate Ihre Fitness noch um einen bis zwei Punkte steigern können. Welche Form von Bewegung macht Ihnen am meisten Spass?

» Sie lieben es, sich auszutoben und machen daher regelmässig: Fitness, Joggen, Ballsport, Schwimmen, Rudern, Biken ...
» Sie mögen eher ruhigere Bewegungsarten und machen daher: Yoga, Gi Gong, Tai Chi, Feldenkrais, Pilates ...

An diesen Tagen machen Sie diese Sportarten:
» Legen Sie mindestens drei Wochentage fest.
» Suchen Sie sich wenn möglich einen Trainingspartner. Das motiviert zusätzlich.
» Setzen Sie sich ein Ziel: Stadtlauf, Seeüberquerung, Turnier ...

8 bis 10 Punkte: Sportmaschine

Gratulation. Bleiben Sie so fit wie Sie sind. Geben Sie Ihre Freude an Bewegung und Ihr Wissen weiter. Trainieren Sie Kinder, Jugendliche oder Erwachsene in Ihrer Sportart. Motivieren Sie Ihr Umfeld, sich mehr zu bewegen.

Ich habe _____ Punkte und bin _____

In drei Monaten bin ich _____ Punkte besser

In drei Monaten erreiche ich _____ Punkte

Deswegen mache ich ab heute

Ich tue dies an folgenden Wochentagen

51

Positive Einstellung

«Ob du glaubst, du kannst es oder nicht – du hast Recht» (Henry Ford). Es ist entscheidend, was Sie denken. Denn Ihre Einstellung trägt wesentlich zu Ihrem Erfolg oder eben Misserfolg bei. Darum macht es Sinn, seine Gedanken stets in eine positive Richtung zu steuern.

Mit einer positiven Einstellung sind Sie überzeugt, eine Herausforderung meistern und etwas lernen zu können und haben sogar Spass

daran. Sie erleben Druck als Herausforderung und nicht als Stress. Eine positive Einstellung setzt Ihre Energie frei und Sie können Ihr Potenzial abrufen. Sie packen voller Energie und Konzentration Ihre Aufgabe an und haben Erfolg. Dieser wiederum motiviert und stärkt Ihren Glauben ans eigene Potenzial. So entsteht eine positive Aufwärtsdynamik. Sind Sie hingegen überzeugt, es nicht zu schaffen, so bleibt auch

Ihr Versuch halbherzig. Das Ergebnis ist entsprechend mager und Sie fühlen sich darin bestätigt, dass es nicht geht. Oftmals packen Sie dann die nächste Herausforderung gar nicht mehr an, um sich vor Misserfolgen zu schützen. Aus dieser Abwärtsspirale gilt es auszubrechen. Ihre Einstellung ist der Schlüssel dazu.

Es gibt Menschen, die strotzen vor Selbstvertrauen, packen jede Herausforderung positiv an und der Erfolg scheint ihnen sicher zu sein. Andere hingegen wähnen sich nicht im Sonnenlicht des Glücks, trauen sich selbst wenig zu und sind von Selbstzweifeln geplagt. Selbst wenn uns ein Teil des Charakters in die Wiege gelegt wird und die einen sonnigere, die anderen schattigere Gemüter haben, so kann man sehr wohl an der eigenen Einstellung arbeiten. Eine positive Einstellung setzt zuerst einmal voraus, dass man sich selbst beobachtet und reflektiert. Man muss sich also seiner mentalen und emotionalen Zustände bewusst sein, um seine Gedanken in eine positive Richtung steuern zu können. Die Fähigkeit, negative Gedanken zu stoppen und ins Positive zu lenken, ist entscheidend. Mit einer negativen Einstellung beweisen Sie sich, dass es nicht geht. Mit einer positiven Einstellung setzen Sie Ihre Energie frei und können wirken.

Eine positive Einstellung bedeutet nicht, dass Sie keine negativen Gedanken oder Gefühle haben dürfen und stets den fröhlichen Kaspar spielen müssen. Gefühle wie Angst, Unsicherheit, Schmerz und Trauer gehören genauso zum Alltag wie Freude, Stolz, Fröhlichkeit, Mitgefühl und Liebe. Natürlich sind einige Gefühle angenehmer als andere. Es ist wichtig, seinen Gefühlen gewahr zu werden und ihnen den nötigen Raum zu geben. Doch entscheidend ist, den Moment zu erkennen, wenn man in eine gedankliche oder gefühlsmässige Abwärtsspirale gerät, die selbst gemacht ist und vielmehr mit dem eigenen Selbstbild oder den eigenen Erfahrungen zu tun hat als mit der Realität. Es geht darum, selbsthemmende oder gar selbstzerstörerische Glaubenssätze zu identifizieren und zu verändern. «Ich kann das nicht, ich bin zu dumm dafür» oder ähnliche Gedanken sind einerseits falsch und hindern Sie andererseits am Weiterkommen.

Sie können lernen, die eigenen Gedanken und Gefühle zu betrachten und sie in eine positive Richtung zu lenken. Mit einer positiven Einstellung meistern Sie Herausforderungen erfolgreicher, können Ihr Potenzial besser abrufen, lernen besser, haben mehr Spass dabei und wirken auf andere Menschen motivierender.

Das lohnt sich. Oder?

Positive Einstellung
Tipps

Tipp #1
Wecken Sie Körper und Geist und lachen Sie

Der Glücklichsein-Bonus

Shawn Achor von der Universität Harvard nennt es den «Happiness Advantage». Wir alle sind mit dem Glauben gross geworden: Je mehr ich arbeite, desto erfolgreicher werde ich. Je erfolgreicher ich bin, desto glücklicher werde ich sein. Dies ist in den Augen Achors fatal, denn das Hirn funktioniere genau umgekehrt. Wir sind nicht glücklicher, wenn wir viel arbeiten, sondern wenn wir glücklich sind, arbeiten wir besser. Im positiven Zustand liefert unser Hirn wesentlich bessere Leistung. Wir sind intelligenter, kreativer und haben mehr Energie. Gemäss Achors Forschungsergebnissen liegt die Produktivitätssteigerung des «happy brains» bei rund 31%. Achor hat sieben Prinzipien aufgestellt, wie man den Happiness Advantage erlangt. Eine kurze Einführung in die Thematik gibt Achor auf Ted.com: «The happy secret to better work».

Statt schlaftrunken und miesepetrig ins Büro zu wandeln sollten Sie morgens Ihren Kreislauf in Schwung bringen. Joggen oder Spazieren an der frischen Luft sind ideal. Bewegungsmuffel können zu einem guten Song tanzen und unter der Dusche singen. Denn Singen und Bewegung heben die Laune, weil motivierende und stimmungshebende Stoffe im Körper freigesetzt werden. Sie können auch einfach Lachen. Egal ob Sie es vorspielen oder ob Ihr Lachen echt ist – es wirkt. Lachen macht optimistisch. Lachen reduziert den Stress (Kortisol) und setzt «Glückshormone» frei (Serotonin). Dadurch fühlen Sie sich entspannter und optimistischer. So gehen Sie die Herausforderungen motivierter und selbstbewusster an. Bereits zehn Sekunden echtes oder sechzig Sekunden gespieltes Lachen wirken Wunder. Nutzen Sie also Ihren Körper, um mit positiver Einstellung in den Tag zu starten.

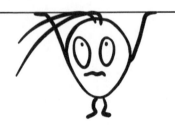

Tipp #2

Morgenstund hat Gold im Mund

Kennen Sie das Gefühl, wenn Sie morgens verschlafen und dann verzweifelt dem Tag hinterher rennen? Hal Elrod empfiehlt Ihnen, eine Stunde früher aufzustehen und sich auf den Tag einzustimmen. In seinem Buch «The Miracle Morning» finden Sie viele Anregungen, wie Sie Ihren Tag beginnen und eine positive Einstellung kultivieren können. Visualisieren Sie Ihre Vision oder Ihr Ziel mit Fotos oder Symbolen, die das damit verbundene Gefühl darstellen. Sehen Sie sich diese Bilder an und tauchen Sie in das Gefühl ein. Das aktiviert Ihre Wünsche und steigert Ihre positive Energie. Starten Sie mit dieser Energie in den Tag.

Tipp #3

Glauben Sie nicht jeden Gedanken

Glauben Sie nicht jeden Gedanken, nur weil Sie ihn selbst denken. Glaubenssätze tarnen sich als absolute Wahrheiten. In Wahrheit aber schränken uns solche Glaubenssätze bloss ein. Sie limitieren uns indem sie uns glauben machen, wir genügen nicht, seien zu dumm, zu hässlich, hätten etwas nicht verdient .... Worauf basieren denn diese vermeintlichen Wahrheiten? Auf den letzten Erfahrungen, die wir gemacht haben? Doch warum muss die nächste Erfahrung Ihren Glaubenssatz bestätigen?

Durchbrechen Sie bewusst das Muster. Führen Sie ein motivierendes Selbstgespräch vor einer Herausforderung. «Ich kann das», «Ich bin bereit» oder «Ich will das lernen und drum gebe ich jetzt Vollgas» sind Sätze, die Ihr Selbstvertrauen stärken. Rufen Sie damit positive Gefühle hervor und setzen Sie die Energie frei, damit Sie die nächste Herausforderung meistern.

Tipp #4

Freuen und lernen

Lernen heisst wachsen und wer wächst, fühlt sich lebendig. Nehmen Sie Erfolg und Misserfolg nicht absolut, sondern fokussieren Sie auf den Lernprozess. Mit der Frage «Was kann ich heute lernen?» lässt sich eine unangenehme Herausforderung in ein neues Licht stellen. Im Zentrum steht die Lust, Neues zu entdecken und zu lernen. Das motiviert und nährt Ihre positive Einstellung. Genauso ist es mit der Frage «Worauf freue ich mich heute?» Die Konzentration darauf, was Freude macht, setzt positive Energie frei. Denn worauf Sie Ihre Aufmerksamkeit richten, das nähren Sie. Richten Sie Ihre Gedanken aufs Positive. Dadurch nehmen Sie es nicht nur besser wahr, Sie können es auch intensiver erleben.

Tipp #5
Positive Selbstgespräche

Wie reden Sie mit sich selber? Ziehen Sie hart und unnachgiebig mit sich selbst ins Gericht, wenn Sie einen Fehler gemacht haben? Oder sind Sie verständnisvoll und mitfühlend, wie Sie es mit Ihrem besten Freund wären? Positive Worte triggern positive Gefühle und diese bestimmen wiederum Ihr Handeln. Führen Sie immer wieder mal positive Selbstgespräche – Sie werden die nächste Aufgabe schneller und erfolgreicher meistern.

Warum Sie öfters lachen sollten

Bewegung setzt verschiedene Hormone und Botenstoffe im Körper frei, unter anderem Dopamin und Serotonin. Dopamin wird gemeinhin als «Belohnungshormon» bezeichnet, da es das neuronale Lust- und Belohnungszentrum triggert; es wirkt motivierend, antreibend und belohnend. Serotonin wird oft das «Glückshormon» genannt, da es die innere Ruhe steigert und die Stimmung aufhellt. Übrigens konnte die stimmungshebende Wirkung nicht nur beim Sport nachgewiesen werden. Auch Singen und Lachen erhöhen massgeblich den Serotoninspiegel und steigern das Wohlbefinden. Wollen Sie es testen? Dann amüsieren Sie sich mit Vera F. Birkenbihl. Die Managementtrainerin hält eine Vorlesung über die Wirkung des Lachens, die einen selber zum Lachen bringt: Gehirn-gerechte Einführung in die Gelotologie (Wissenschaft der Auswirkung des Lachens) oder: Die Rolle von Humor in unserem Leben auf youtube.com. Lernen Sie, in jeder Situation ein Lächeln zu bewahren und erfahren Sie, warum sich das lohnt.

Positive Einstellung
Werkzeug

Starten Sie mit einer positiven Einstellung in den Tag. Diese hilft Ihnen, Ihr Tagwerk optimistischer anzupacken. Damit erhöhen Sie die Wahrscheinlichkeit, Erfolg zu haben. Zudem fühlen Sie sich zufriedener. Das strahlen Sie aus. Ihr Umfeld wird es Ihnen ebenfalls mit einem Strahlen danken. Um eine positive Einstellung zu fördern, benötigen Sie lediglich ein paar Minuten am Morgen. Investieren Sie diesen Moment in sich; Sie werden es mit Zins und Zinseszins zurück kriegen.

1. Bringen Sie am Morgen Ihren Kreislauf in Schwung. Wenn Sie keinen Sport mögen, dann tanzen Sie zu Ihrem Lieblingssong, hüpfen Sie ein paar Minuten auf und ab und nehmen Sie eine Wechseldusche.
2. Suchen Sie sich einen Platz, an dem Sie ungestört sind und wo Sie sich wohl fühlen. Nehmen Sie sich die Zeit, um die drei untenstehenden Fragen zu beantworten.
3. Machen Sie daraus ein Ritual. Trinken Sie Ihren Lieblingstee dazu.

Tipp: Manche mögen die Frage der Dankbarkeit lieber abends vor dem Zubettgehen beantworten. Probieren Sie aus, was für Sie besser funktioniert.

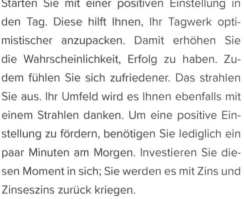

Wofür bin ich dankbar?

Worauf freue ich mich heute?

Was kann ich heute lernen?

Organisation

In einer unaufgeräumten Küche können Sie kein kreatives Mahl zubereiten. Wenn überall schmutziges Geschirr und verkrustete Pfannen rumstehen, haben Sie keinen Platz zum Arbeiten. Die wichtigen Utensilien sind nicht einsatzbereit, Sie finden die richtigen Zutaten nicht und Ihr Essen brennt an. Also wollen Sie zuerst aufräumen, Ordnung schaffen und sauber machen. Dann können Sie richtig loslegen, so dass die Gewürzdosen jubilieren und jeder Starkoch einpacken kann.

Was in der Küche gilt, trifft auch für den Arbeitsplatz zu. Organisation und Ordnung sind zentral. Bei manchen Leuten ist der Arbeitsplatz ein heilloses Durcheinander. Überall Papierstapel, Aktenstapel, Bücherberge und Notizzettel. Im papierlosen Büro herrscht undurchschaubares Chaos im Ablagesystem und in der Mailbox, wo Sie die gesuchte Information nur noch dank ausgefeilter Suchfunktion und viel Glück finden. All diese Dokumente, Bücher, Notizzettel und Mäppchen erinnert einen laufend daran, was es noch alles zu tun gilt. Auch die elektronische Suche frisst Zeit und schürt den Ärger, wenn man das nötige Dokument nicht findet. Das frisst Energie. Also weg mit diesen Energiefressern.

Beim Durcheinander im Büro stimmen Sie mir sicher zu. Doch wie sieht es in Ihrem Kopf aus? Ist der so aufgeräumt und gut organisiert wie Ihr Arbeitsplatz? Oder haben Sie tausende Gedanken im Kopf und können sich vor lauter «Oh daran muss ich auch noch denken» und «Hoffentlich geht das nicht schief» kaum noch konzentrieren? Auch hier gilt es, mit guten Methoden Ordnung und Ruhe zu schaffen. Wenn Ihr Geist schon erschöpft ist vom gedanklichen Boxkampf, wie soll er frisch und konzentriert neue Ideen generieren? Kreativität braucht Raum.

Apropos Kreativität: Ein zu aufgeräumter Arbeitsplatz kann ein Inspirationskiller sein. Gewisse Büroräumlichkeiten – vor allem jene ohne fixen Arbeitsplätze – sehen mehr aus wie Studienräume der Pathologie als dass Sie zum kreativen Denken einladen. Stellen Sie sich die Frage, wo Sie welche Arbeiten am besten machen können und suchen Sie sich den jeweils geeigneten Ort. Ich kann mich hervorragend in sterilen Räumlichkeiten konzentrieren, wenn ich Fleissarbeit leisten will. Suche ich jedoch nach Ideen für das neue Vertriebskonzept eines Kunden, arbeite ich lieber mit Stift und Papier draussen in der Natur, am besten auf einem Berg mit Weitsicht. Eine Freundin von mir schreibt Ihre Fachartikel regelmässig morgens um vier Uhr in Ihrem Wohnzimmer, wenn drinnen die Familie und draussen der Rest der Menschheit noch schläft. Andere finden im belebten Kaffee an der Strassenecke die Inspiration für Ihr digitales Geschäftsmodell. Wo finden Sie Ihre Ideen?

Halten Sie zwar Ordnung, aber lassen Sie Raum für Inspiration. Am Arbeitsplatz und im Kopf.

Organisation
Tipps

Tipp #1
Optimale Einrichtung

Wie schaut Ihr Arbeitsplatz aus? Ist er ergonomisch eingerichtet? Haben Tisch und Stuhl die richtige Höhe, ist genügend Licht vorhanden? Ist der Drucker optimal platziert und die Arbeitsfläche genügend gross? Oftmals geben wir uns mit provisorischen Lösungen zufrieden oder gewöhnen uns daran. Überprüfen Sie Ihren Arbeitsplatz; ist er ideal oder was wollten Sie eigentlich schon lange optimieren? Tun Sie es.

Tipp #2
Die fünf S-Methode

Sie entspringt ursprünglich dem kontinuierlichen Verbesserungsprozess (Kaizen) von Toyota und ist eine Übertragung aufs Büro. 1) Sortieren: Trennen Sie Notwendiges und sortieren Sie Unnötiges aus. 2) Systematisieren: Ordnen Sie die Aufgaben und Gegenstände und definieren Sie für alles einen Platz. 3) Sauberkeit: Reinigen Sie Arbeitsplatz und -mittel. 4) Standardisieren: Finden Sie Standards für die Ordnung am Arbeitsplatz und auch fürs Vorgehen bei Aufgaben. 5) Selbstdisziplin: Halten Sie die ersten vier S konsequent ein, sodass sie Teil Ihrer Arbeitskultur werden.

Tipp #3
Kopf aufräumen

In Ihrem Kopf tobt ein Sturm, weil Sie viel zu tun haben und an alles gleichzeitig denken möchten. Schaffen Sie Ruhe: Schreiben Sie Ihre Pendenzen auf und terminieren Sie diese. Wenn Sie nachts nicht schlafen können, weil sich Ihre Gedanken im Kreis drehen: Stehen Sie auf und notieren Sie die wichtigsten Punkte auf einen Zettel. Legen Sie den Zettel ausserhalb Ihres Schlafzimmers hin und sagen Sie laut zu den Punkten: «Um euch kümmere ich mich morgen. Jetzt bleibt ihr hier draussen, denn ich will in Ruhe schlafen.» Machen Sie sich keine Sorgen – mitten in der Nacht hört Sie niemand – sondern probieren Sie es aus. Es funktioniert.

Tipp #4
Pendenzen managen

Finden Sie eine Methode zum Management Ihrer Aufgaben, die Ihnen entspricht. Wichtig ist, dass Sie die Pendenzen irgendwo festhalten, sonst spuken sie wie Knallfrösche in Ihrem Kopf herum. Aufschreiben und planen schaffen Ruhe im Kopf. Egal ob Sie Pendenzenlisten führen, das Bullet-Journal anwenden, nach der Kanban-Methode arbeiten, ein Trello-Fan sind oder mittels Outlook planen. Wichtig ist, dass Sie den Überblick haben, also alles an einem Ort festhalten und nicht mit verschiedenen Tools, in einem Notizbuch und auf unzähligen Post-its. Weiter ist entscheidend, dass Sie für die Aufgaben die notwendige Zeit zur Erledigung gut einschätzen und so planen, dass Sie die Termine einhalten können. Wenn Sie gut organisiert sind, werden auch die frechsten Knallfrösche kleinlaut.

Tipp #5
Inspirationsort

Lösen Sie sich von Ihren Gewohnheiten und befreien Sie sich vom Gedanken, dass man nur im Büro arbeiten kann. Versuchen Sie, an verschiedenen Orten zu arbeiten, im Kaffee, in der Natur, im Zug, am Flughafen, in einem öffentlichen Coworking Space und entdecken Sie, welche Umgebung ideal für welche Tätigkeit ist. Nehmen Sie Ihren Arbeitskollegen mit auf einen Spaziergang, um die Abstimmung untereinander zu machen oder gehen Sie auf einen Spielplatz, um im Team Verbesserungen fürs Produkt zu entwickeln.

Visionsbuch

Nun haben Sie perfekt aufgeräumt und Ihr Arbeitsplatz ist quasi leer. Ein Arbeitsort kann sehr wohl auch zu aufgeräumt sein und steril wirken. Für manche ist das der Ablöscher, weil sie Inspiration in Bildern und Gegenständen finden. Die Bilder nehmen einen gedanklich auf Reisen und liefern gute Ideen. Kreative Menschen arbeiten oftmals mit «Vision oder Mood Boards». Das sind Pinnwände, auf denen Bilder, Fotos, Muster und Gegenstände gesammelt werden, die zur Thematik passen und die Stimmung des Zielzustandes visualisieren. Falls Sie in einem Grossraumbüro arbeiten, wo «Clean Desk Policy» herrscht und Sie keinen eigenen Arbeitsplatz haben, können Sie sich mit einem Visionsbuch behelfen. Schaffen Sie sich ein kleines Notizbuch an und kleben Sie Bilder, Gegenstände sowie weitere Materialien einfach ein. Zudem können Sie sämtliche Gedanken und Ideen zu Ihrer Vision oder Ihrem Ziel im Visionsbuch festhalten. Starten Sie den Arbeitstag, in dem Sie als Erstes in Ihrem Visionsbuch blättern. Stimmen Sie sich auf Ihr Ziel ein, dann sind Sie effektiver.

Organisation
Werkzeug

Mit diesem Werkzeug können Sie Ihre Pendenzen managen. Sie behalten den Überblick und die Termine im Auge. Gleichzeitig können Sie planen, wann Sie welche Aufgaben umsetzen. Ein leeres Notizbuch und Stift genügen.

Auf einer Seite führen Sie Ihre Pendenzen und Aufgaben. Diese Seite können Sie von Woche zu Woche übertragen. Ich führe sie jeweils auf einem separaten Blatt, das ich einfach links an den Notizbuchdeckel klebe, damit ich es herausfalten kann und meine Aufgaben immer im Überblick neben der Woche liegen habe.

Auf einer Doppelseite planen Sie Ihre Aufgaben und Tätigkeiten im Wochenüberblick und erstellen sich einen Wochenplan – erinnern Sie sich an die Schule? Der Vorteil ist, dass Sie beim Planen der Aufgaben entscheiden müssen, wie viel Zeit Sie für die Aufgabe benötigen oder dafür aufwenden wollen. Häufig schreiben wir einfach Stichworte als Pendenzen auf. Notieren Sie genau, welche Aufgabe die Pendenz beinhaltet. Beispielsweise «Budget»: Die laufenden Kosten hochrechnen? Die Kosten der geplanten Aktivitäten sammeln, um das Budget zu erstellen? Das Budget kontrollieren? So können Sie den Zeitbedarf besser einschätzen.

Haken Sie bewusst ab, was Sie jeweils erledigt haben. Wertschätzen Sie sich kurz für das Geleistete.

Die Pendenzen im Griff behalten

Für analoge Fans

Eine etwas ausgefeiltere Variante, seine Aufgaben im Griff zu behalten, ist das Bullet Journal. Der Produktdesigner Ryder Carroll hat diese Methode entwickelt und der Welt zur Verfügung gestellt: bulletjournal.com. Da gibt es auch ein Einführungsvideo, das Sie innert fünf Minuten in die Geheimnisse einführt.

Unterdessen gibt es ganze Fangemeinschaften, die diese Technik ausgefeilt und die Form zum Kunstwerk erhoben haben. Inspirieren Sie sich auf pinterest.com unter bulletjournal.

Für digitale Fans

Trello bietet die Möglichkeit, auf Themen-Boards (virtuelle Pinnwände) Karten zu platzieren. Jede Karte steht für ein Thema, zu dem Sie Beschreibung, Notizen sowie Aufgaben und Checklisten erstellen und Dokumente oder Fotos hochladen können. Trello erinnert Sie per E-Mail an Ihre Termine. Die Applikation ermöglicht zudem, weitere Mitarbeitende einzuladen, sodass Sie teamübergreifend auf dieselben Boards zugreifen und arbeiten können. Trello ist ideal, wenn Sie viele verschiedene Projekte gleichzeitig jonglieren müssen und den Überblick behalten wollen. Überzeugen Sie sich: trello.com.

Aufgaben

- ☐ Budget kontrollieren
- ☐ Alumnitreffen organisieren
- ☐ Projektskizze erstellen
- ☐ Einzahlung Vorsorge
- ☐ Treuhänderin anrufen
- ● Theater Paul

- ● Event
- ☐ Aufgabe

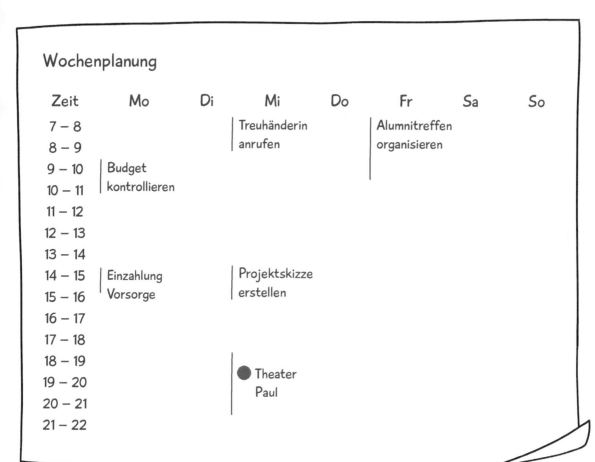

Wochenplanung

Zeit	Mo	Di	Mi	Do	Fr	Sa	So
7 – 8			Treuhänderin		Alumnitreffen		
8 – 9			anrufen		organisieren		
9 – 10	Budget						
10 – 11	kontrollieren						
11 – 12							
12 – 13							
13 – 14							
14 – 15	Einzahlung		Projektskizze				
15 – 16	Vorsorge		erstellen				
16 – 17							
17 – 18							
18 – 19							
19 – 20			● Theater				
20 – 21			Paul				
21 – 22							

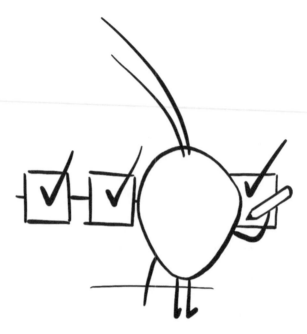

Planung

Gut geplant ist halb gewonnen. Das alte Sprichwort ist immer noch brisant aktuell. Nehmen Sie sich genug Zeit, die wichtigsten Planungsschritte sorgfältig zu befolgen, bevor Sie sich in eine Aufgabe stürzen oder ein Projekt anreissen. Was ist der genaue Auftrag? Was das konkrete Ziel? Wie viel Zeit und Budget stehen zur Verfügung? Welches sind Teilaufgaben und Meilensteine? Welches sind die Rahmenbedingungen und Voraussetzungen für den Erfolg? Wer kann Sie unterstützen?

Bei der Planung ist wichtig, dass Sie einen Überblick über die nötigen Schritte und Aktivitäten bekommen, sodass Sie die Zeitaufwände gut einschätzen und Termine einhalten können. Trotz aller Planung müssen Sie flexibel auf Unvorhergesehenes reagieren können. Dies können positive oder negative Vorkommnisse sein, wichtig ist, dass Sie dann überlegt und bewusst darauf reagieren, ohne in unnötigen Aktivismus zu verfallen. So bewährt es sich, den Planungsgrad der Konkretheit anzupassen. Ist das Ziel klar und stabil, ist eine detailliertere Planung möglich. Wenn das Ziel unscharf und lediglich die Richtung bekannt ist, dann ist eine grobe Planung besser, um auf dem Weg flexibel Chancen erkennen und nutzen zu können.

Soweit, so gut. Sie haben nun einen schönen Projektplan gemacht, vielleicht sogar nach allen Finessen Ihres letzten Projektmanagementseminars. Damit schaffen Sie Klarheit und sorgen für einen optimalen Ablauf. Doch bevor Sie losstürzen und das Hamsterrad in Bewegung setzen, beantworten Sie drei Fragen. Ihre Antworten sind entscheidender Faktor Ihrer Effektivität und jene Ihres Teams.

Erstens: Welche Wirkung wollen Sie erzielen? Formulieren Sie das Ziel so, dass für Sie und alle Beteiligten klar wird, welche Wirkung Sie mit dem Vorhaben erzielen wollen und was Sie dabei gewinnen. Obwohl es auf der Hand liegt, dass ein Ziel immer mit einer Wirkung verbunden ist, treffe ich bei meinen Kunden oft auf Geschäftsführer oder Projektleiter, die zwar das Ziel technisch perfekt beschreiben kön-nen, aber ins Stottern geraten, wenn es um die Wirkung geht. «Die Erweiterung des Kundensystems budgettreu durchführen», «Den neuen Standort rechtzeitig eröffnen», «Das Kundenmagazin breiter streuen» sind nur exemplarische Voten. So braucht es eine Reflexionsrunde, bis wir beispielsweise die Wirkung des Kundensystems sauber herausgeschält haben. Dank des erweiterten Systems soll eine datenbasierte Analyse Potenziale bei den Kunden aufzeigen. Das ermöglicht den Vertriebsmitarbeitern, ihre Portfolios gezielter zu bearbeiten. In der Folge erwartet man bessere Lösungsverkäufe. Die Wirkung beschreibt immer einen Zielzustand. Erst wenn Sie diesen Zielzustand beschreiben und aufzeigen können, warum der erstrebenswert ist, wecken Sie den Wunsch, dahin zu kommen. Fokussieren Sie darauf, was Sie gewinnen können (siehe auch Orientierung «Ziele setzen»).

Die zweite Frage ist: Welche Tätigkeiten führen zum Ziel? Identifizieren Sie die drei bis fünf wichtigsten Tätigkeiten, um ans Ziel zu kommen. Was genau müssen Sie oder Ihr Team tun, um die gewünschte Wirkung zu erzielen? Um beim Beispiel Kundensystem zu bleiben: Sie müssen die Datenbank anpassen, den Logarithmus entwickeln und die generierten Daten vertriebsgerecht aufbereiten. Diese Aufgaben klingen einfach, doch dahinter verbergen sich komplexe Tätigkeiten. Die Mathematiker müssen tief in den Daten wühlen und zusammen mit den Fachleuten Hypothesen bilden, widerlegen, schärfen. Der Business Analyst muss zusammen mit den Vertriebsmitarbeitern eine Form entwickeln, die dem Vertriebsmitarbeiter dienlich ist. Diesen Tätigkeiten müssen Sie also Zeit und Raum geben. Wenn Ihre Fachspezialisten in Koordinationsmeetings und Budgetprozessen absorbiert sind, können sie sich nicht hinsetzen und Logarithmen entwickeln.

Die dritte Frage lautet schliesslich: Welches ist Ihr konkreter Beitrag zum Fortschritt? Vielleicht können Sie die drei bis fünf wichtigsten Tätigkeiten nicht selber tun. Weil Sie nicht die Fachperson sind oder weil Sie der Auftraggeber sind, also eine andere Rolle haben. Umso wichtiger ist es dann, Ihre Rolle klar zu definieren. Was genau tun Sie zur Zielerreichung? Sich einfach jede Woche über den Stand der Arbeiten informieren zu lassen, ist kein Beitrag, sondern hält lediglich Ihre Mitarbeiter

davon ab, sich in die wichtigen Tätigkeiten zu vertiefen. Beim Kundensystem beispielsweise sorgen Sie persönlich beim Finanzchef dafür, dass die Mathematiker die benötigten Zusatzserver ohne Budgetkämpfe erhalten und arbeiten können. Sie haben auch bemerkt, dass die Vertriebsmitarbeiter das Projekt als Angriff auf Ihre Kompetenz und Kundenkenntnis verstehen. Darum suchen Sie zwei, drei aufgeschlossene Vertriebsmitarbeiter und fuchsen diese aufs Projekt ein. Sie informieren den Vertrieb laufend persönlich über die Erfolge und Herausforderungen im Projekt und stellen sich den Diskussionen um die Neuausrichtung. Werden Sie konkret tätig und setzen Sie sich für den Fortschritt ein. Nur wenn Sie genau wissen, welches Ihr Beitrag ist, können Sie sich effektiv einsetzen.

Planung
Tipps

Tipp #1
Wirkung

Sie haben eine Vision oder ein Ziel. Sie wollen ein Haus bauen. Ein zweistöckiges Haus mit fünf Zimmern, offener Wohnküche, grossem Wohnzimmer und Veranda. Doch was wollen Sie damit erreichen? Stellen Sie sich die Frage nach der Wirkung. Sie wollen doch vielmehr als ein Haus. Sie möchten für sich und Ihre Familie einen Lebensort schaffen, wo eine angenehme Atmosphäre herrscht und der genügend Raum bietet, damit sich jeder zurückziehen kann. Oder Sie wünschen sich eine Kombination von Wohnen und Arbeiten und planen deshalb Ihr Büro oder Ihre Praxis mit ein. Oder Sie möchten einen Begegnungsort schaffen, in dem Sie einige Zimmer als Bed & Breakfast anbieten. Definieren Sie zusammen mit den Nutzern – im Falle des Hauses mit Ihrer Familie – das Ziel und fokussieren Sie dabei auf die Wirkung. Dadurch laden Sie das Ziel emotional auf. Nicht nur für Sie, sondern für alle Beteiligten wird es so zu einem erstrebenswerten Zustand, den alle erreichen wollen.

Tipp #2
Die drei bis fünf wichtigsten Tätigkeiten

Was müssen Sie tun, um Ihre Vision zu leben oder Ihrem Ziel einen Schritt näher zu kommen? Wenn Sie einen Marathon laufen möchten, reicht es nicht, sich das Ziel zu setzen und auszumalen, wie Sie beispielsweise in Barcelona nach 42.195 km lächelnd über die Ziellinie laufen. Auch der detaillierte Trainingsplan, das Kraftfutter und die neuen Schuhe nutzen wenig. Sie müssen regelmässig laufen gehen. Sie müssen Ihre Rumpfstabilität aufbauen. Sie müssen regelmässig dehnen. Das ist nicht so viel, oder? Aber Sie müssen es tun.

Tipp #4

Unterstützer

Sie sind nicht alleine. Schaffen Sie sich ein Netzwerk, das Sie unterstützt. Suchen Sie gezielt nach Personen und Institutionen, die Ihnen bei der Zielerreichung behilflich sein können. Erfolge und Höchstleistungen sind immer Teamwork. Selbst wenn bei der Preisverleihung nur ein Einzelner auf dem Podest steht, so gibt es stets ein Team im Hintergrund, das massgeblich am Erfolg beteiligt ist. Identifizieren Sie genau, welche Ressourcen respektive welche Form von Unterstützung Sie brauchen. Ist es Fachwissen, Investorenkraft oder ist es moralische Unterstützung, jemand, der Ihnen bei Unsicherheiten den Rücken stärkt oder Sie bei Misserfolgen an Ihr Potenzial erinnert?

Tipp #3

Ihr Beitrag

Mit welcher Aktivität tragen Sie zum Fortschritt bei? Mit welchen konkreten Tätigkeiten erzielen Sie Wirkung? Gerade Führungspersonen sind gefordert, sich ihres Beitrags bewusst zu werden. Kritisch gefragt: Wie genau tragen Sie als Führungsperson zum Fortschritt bei, wenn Sie sich in einem Meeting bloss über den Stand der Arbeiten informieren lassen? Oder was ich oft höre: «Ich fördere den Teamzusammenhalt ...» Das muss schon konkreter sein. Mit welchen Tätigkeiten bringen Sie das Projekt voran? Mit welchen Aktivitäten fördern Sie den Zusammenhalt? Als Führungsperson und als Höchstperformer muss man seine Stärken kennen und sich radikal bewusst machen, mit welchen Handlungen man konkret zum Fortschritt beiträgt. Auf diese gilt es sich zu fokussieren.

Tipp #5
System etablieren

Sie haben sich ein Ziel gesetzt und wissen, welche Tätigkeiten Sie dorthin führen. Räumen Sie diesen Tätigkeiten genügend Zeit ein und planen Sie die entsprechenden Zeitfenster in Ihrer Agenda ein. Nun kommt der springende Punkt. Jetzt müssen Sie es einfach tun. Es geht also um Ihr Verhalten. Etablieren Sie ein System, welches das gewünschte Verhalten zur Gewohnheit macht. Am besten eignet sich ein System, das auf Regelmässigkeit baut. Beispielsweise jeden Morgen zwei Stunden, immer Mittwochabends, jeden Freitag, etc. Dadurch werden die zielführenden Aktivitäten zur Gewohnheit und Sie kommen voran. Es ist nicht mal so wichtig, ob Sie für jedes Zeitfenster eine exakte Zielsetzung definieren. Viel entscheidender ist, dass Sie die Zeit einplanen und sich dann in eine der wichtigen und zielführenden Tätigkeiten vertiefen. Machen Sie den Test: Sind die Zeitfenster in Ihrer Agenda sichtbar? Der High-Performance-Coach Brendon Burchard formuliert es treffend: «If you can't see your dream in your agenda – it stays a dream.»

Der Commitment Contract

Stickk.com unterstützt Sie bei der Zielerreichung. Sie schliessen auf der Website einen Commitment Contract ab. Sie vereinbaren ein Ziel, das Sie erreichen wollen und schliessen darüber einen Vertrag mit einer Person Ihrer Wahl ab. Sie liefern einen wöchentlichen Statusbericht über Ihre Fortschritte. Falls Sie Ihr Ziel nicht erreichen, wird eine im Vorfeld festgelegte Summe an eine Organisation gespendet, die Sie nicht mögen. Der Commitment Contract basiert auf bekannten Prinzipien der Verhaltensökonomie: Sie schaffen Verbindlichkeit, indem Sie einen Vertrag aufsetzen und Ihr Ziel kommunizieren. Weiter setzen Sie einen Anreiz, positiv oder negativ. Gegründet wurde Stickk.com von Professoren an der Yale University, Dean Karlan und Ian Ayres, die ein paar Kilos abnehmen wollten. Sie engagierten einen Studenten, Jordan Goldberg, der Stickk.com Realität machte und übrigens ein Buch geschrieben hat: Carrots and Sticks: Unlock the Power of Incentives to Get Things Done.

Werkzeug

Mit diesem Werkzeug stellen Sie sicher, dass Sie bei einem Vorhaben die wesentlichen Fragen beantworten und wichtigen Aspekte berücksichtigen. Nehmen Sie sich die Zeit für diese strategische Planungsaufgabe – sie ist der Grundstein für Ihren Erfolg.

Mein Ziel
SMART (spezifisch, messbar, attraktiv, realistisch, terminiert) oder sehnsüchtig (siehe *Ziele setzen*)

Damit erziele ich folgende Wirkung

Mein Beitrag
Ich trage konkret zum Fortschritt bei indem ich

Diese drei bis fünf Tätigkeiten bringen mich zum Ziel

Mein System

Zu folgenden Zeiten widme ich mich regelmässig den wichtigen Aufgaben

Diese Rahmenbedingungen fördern den Erfolg

Diese Personen und Institutionen können mich unterstützen

Diese Ressourcen brauche ich

Haben (Materielles) | Können (Fähigkeiten) | Wissen (Kenntnisse)

Grobe Terminplanung

Welches sind die Meilensteine und bis wann müssen Sie erreicht sein, um den Zieltermin einzuhalten?

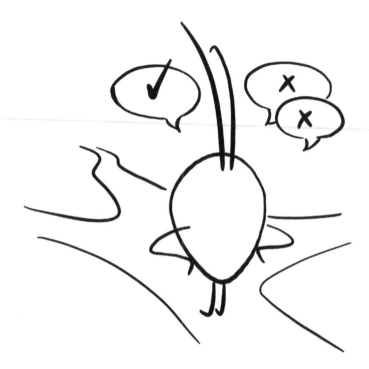

Prioritäten setzen

Es ist wichtiger, was Sie tun, als wie Sie es tun. Natürlich sind Sie am effektivsten, wenn Sie die richtigen Dinge richtig tun. Wenn Sie die richtigen Dinge suboptimal tun, sind Sie im besten Falle produktiv, selbst wenn Sie nicht effizient sind. Wenn Sie aber die falschen Dinge richtig tun, dann sind Sie zwar effizient. Aber das heisst noch lange nicht, dass Sie dadurch Ihrem Ziel näher kommen. Da wir oft dermassen auf Effizienz getrimmt sind, geht die wichtige Frage nach der Effektivität einer Tätigkeit – ist sie zielführend? — vergessen. Legen Sie den Fokus also vermehrt auf das «Was» und weniger auf das «Wie».

Um effektiv zu sein, müssen Sie die wichtigen Aufgaben und Tätigkeiten klar identifizieren und konsequent erledigen. Das bringt Sie dem Ziel näher, nährt positive Energie und stärkt Ihr Selbstvertrauen. Nehmen Sie sich ruhig genug Zeit, um Ihre Prioritäten zu setzen. Welches sind die wichtigsten Tätigkeiten, die Sie Ihrem Ziel näher bringen? Wie viel Zeit benötigen Sie dafür? Diese Planungszeit machen Sie um ein x-faches wett, weil Sie wissen, welche wichtigen Dinge Sie tun wollen und sich weniger ablenken lassen. Genau das unterscheidet Höchstperformer von weniger erfolgreichen Leuten. Höchstperformer fokussieren auf die zielführenden Dinge und verplempern keine Zeit mit unwichtigen Dingen.

Viele Leute priorisieren nicht bewusst, sondern lassen sich von Anforderungen treiben. Das ist verführerisch: Der Terminkalender ist rasch gefüllt mit Sitzungsanfragen und die Mailbox überquillt ohnehin. Sie arbeiten sich durch Meetings, erledigen Pendenzen und beantworten E-Mails. Das kann in zweierlei Hinsicht befriedigend sein: Sie können sofort etwas bewirken und Sie fühlen sich gebraucht. Doch entsprechen diese Tätigkeiten wirklich Ihren eigenen Prioritäten oder ist die Mailbox nicht vielmehr die Prioritätenliste anderer? Wenn Sie Ihre Prioritäten nicht kennen, kommen Sie nach einem langen Arbeitstag nach Hause und fragen sich: «Was habe ich eigentlich den ganzen Tag gemacht?»

Es ist entscheidend, die Prioritäten zu setzen. Ein bewährtes Modell dazu ist das sogenannte Eisenhower Prinzip. Das Eisenhower Prinzip unterscheidet die zwei Ebenen «dringlich» und «wichtig». Für die vier Kombinationsmöglichkeiten gibt es Handlungsanweisungen. Die Quintessenz ist, dass man wichtige und dringliche Dinge sofort erledigt. Wichtige, aber nicht dringliche Aufgaben gilt es zu planen. Es sind genau jene wichtigen Dinge wie beispielsweise Strategieplanung, Visionserarbeitung, Konzeptionsarbeit und ähnliche Tätigkeiten, die entscheidend für Ihre Zielerreichung sind. Doch oft verschiebt man diese Dinge aus Zeitnot auf den nächsten Tag. Dann passiert genau das, was die eigene Unzufriedenheit nährt: man rackert den ganzen Tag lang, aber was man wirklich tun will, bleibt unerledigt. Räumen Sie den wichtigen Dingen genug Zeit ein und erledigen Sie diese konsequent im Bewusstsein, dadurch Ihrem Ziel näher zu kommen. Unwichtige Dinge hingegen sollten Sie wo möglich delegieren, falls sie dringlich sind, oder eliminieren, falls nicht dringlich. Das Eisenhower Prinzip finden Sie unter Erfolgsfaktor «Prioritäten setzen – Werkzeug».

Tipp #2
Tagesgewinn

Beginnen Sie Ihren Tag mit fünf Minuten strategischer Tagesplanung: Was ist prioritär heute – sprich, was bringt Sie heute einen Schritt näher an die Vision und zum Ziel? Definieren Sie diese Tätigkeit konkret; es ist Ihr Tagesgewinn. Verinnerlichen Sie, was Sie heute erreichen wollen. Der Tagesgewinn vor dem geistigen Auge schützt Sie vor dringlichen, aber unwichtigen Dingen und lässt Sie einfacher «nein» zu Ablenkungen sagen.

Priorität setzen
Tipps

Tipp #1
Leitstern

Sie haben Ihre Vision, Ihren Leitstern. Führen Sie sich nochmals vor Augen: Welches ist Ihre Zielsetzung in Ihrer Rolle als Chefin, Mitarbeiter, Vater, Expertin, Freundin, etc.? Ihr Ziel ist der Referenzwert, anhand dessen Sie beurteilen, ob eine Tätigkeit in die richtige Richtung führt. Nur wenn Sie Ihre Vision oder Ihr Ziel kennen, können Sie wichtig von unwichtig unterscheiden. Vergegenwärtigen Sie sich jeden Tag Ihre Vision und richten Sie Ihren Blick jeden Tag aufs Ziel bevor Sie in den Tag starten.

Tipp #3
Priorisieren und planen

Das Eisenhower Prinzip ist ein einfaches Modell zur Priorisierung (siehe Erfolgsfaktor «Prioritäten setzen – Werkzeug»). Wesentlich dabei ist die Unterscheidung zwischen wichtig und dringlich. Denn Dringliches ist meist «laut und aufdringlich» und verstellt den Blick auf die Frage, ob es wichtig oder unwichtig ist. Nur Dringliches, das auch wichtig ist, tun Sie selber. Was hingegen dringlich, aber nicht wichtig ist, delegieren Sie nach Möglichkeit. Wenn Sie solches nicht delegieren können – können Sie wirklich nicht? – dann optimieren Sie die Erledigung dieser Tätigkeiten. Sonst bleibt Ihnen keine Zeit für das Wichtige, das nicht dringlich ist. Denn dieses ist meist «leise und unaufdringlich» – aber eben wichtig! Dinge, die weder dringlich noch wichtig sind, streichen Sie von Ihrer Liste. Radikal.

Tipp #4

Das Wichtige tun

Wichtiges, das nicht dringlich ist, terminieren Sie. Zum Beispiel auf Freitagnachmittag. Doch wie oft geschieht es, dass dann trotzdem noch tausend Sachen dazwischen kommen – und bis Sie sich endlich der wichtigen Angelegenheit widmen können, ist Abends um sieben. Also dann nächste Woche ... und so ziehen Wochen ins Land und Sie haben Ihre Strategie immer noch nicht überarbeitet, die Verkaufsdokumentation immer noch nicht erstellt und aufs Ausbildungskonzept wartet Ihre Chefin auch immer noch. Erfolgreiche Leute sind extrem konsequent in der Umsetzung des Wichtigen, auch wenn es nicht dringlich ist. Üben Sie sich in der Konsequenz. Verschieben Sie es nicht stets auf morgen ... Widmen Sie sich diesen wichtigen Aufgaben, denn genau diese bringen Sie einen Schritt näher ans Ziel. Effektiv.

Tipp #5

Zeitlimit

Planen Sie Ihre Prioritäten realistisch auf einer Zeitschiene. «Die Arbeit dehnt sich genau in dem Mass aus, wie Zeit für ihre Erledigung zur Verfügung steht.» Darauf hat bereits der britische Soziologe C. Northcote Parkinson in seinen ironisierenden Darstellungen zur Verwaltungs- und Wirtschaftslehre hingewiesen. Seine Ausführungen lesen sich übrigens auch heute noch amüsant und sind neu aufgelegt worden. Soviel Zeit, wie Sie einer Aufgabe geben, werden Sie auch benötigen. Setzen Sie also ein ambitioniertes und dennoch realistisches Zeitlimit. Arbeiten Sie konsequent an diesen Aufgaben, ohne sich ablenken zu lassen. Wenn Sie eine Aufgabe abschliessen, gönnen Sie sich einen Moment der Wertschätzung und geniessen Sie das Erreichte, bevor Sie sich in die nächste Aufgabe stürzen.

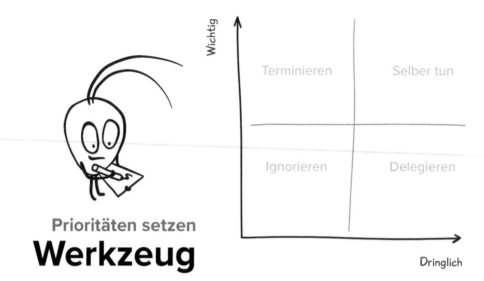

Prioritäten setzen
Werkzeug

Das Eisenhower Prinzip ist ein gutes Instrument für die Prioritätensetzung. Es basiert auf den zwei Ebenen Dringlichkeit und Wichtigkeit. Für die resultierenden vier Kombinationsmöglichkeiten gelten folgende Handlungsempfehlungen:

1. Wichtig & dringlich: selber tun.
   Das sind Aufgaben, die entscheidend sind im Hinblick auf die Zielerreichung und es gibt einen Termindruck. Tun Sie diese Dinge selber, ohne Zeitaufschub.

» Wichtig & nicht dringlich: terminieren.
   Diese Dinge sind wichtig, da sie aber nicht dringlich sind, müssen Sie diese Aufgabe nicht sofort erledigen. Umso entscheidender ist, diese Aufgabe zu terminieren. Planen Sie genügend Zeit ein – am besten während Ihrer produktivsten Phase – in der Sie sich ungestört und konzentriert dieser wichtigen Aufgabe widmen können. Erledigen Sie die Aufgaben zum geplanten Zeitpunkt und verschieben Sie sie nicht laufend auf später. Tun Sie das Wichtige. So sind Sie effektiv.

» Nicht wichtig & dringlich: delegieren.
   Diese Aufgaben sind dringlich, müssen also sofort erledigt werden. Lassen Sie sich durch die Dringlichkeit nicht blenden – wenn die Aufgabe nicht wichtig ist, wollen Sie diese delegieren, damit Sie selber Zeit fürs Wichtige haben.

» Nicht wichtig & nicht dringlich: ignorieren.
   Diese Aufgaben sind nicht wichtig für die Zielerreichung und es gibt keinen Termindruck. Haben Sie den Mut und streichen Sie solche Aufgaben radikal von Ihrer Pendenzenliste.

Prioritäten setzen
Werkzeug

Eine gute Planung ist die Basis für Ihren Erfolg. Doch entscheidend ist, bei der Umsetzung den Fokus auf die Prioritäten zu behalten. Mit diesem Werkzeug stellen Sie sicher, dass Sie Ihre Prioritäten nicht nur planen, sondern jeden Tag den Tagesgewinn holen und sich nicht ablenken lassen.

Was ist Ihr Tagesgewinn? Beschreiben Sie genau, womit Sie heute Ihrem Ziel einen Schritt näher kommen. Bereiten Sie sich auf mögliche Ablenkungen vor und wappnen Sie sich: Legen Sie sich jetzt schon eine Antwort oder Reaktion auf die Ablenkung bereit. Machen Sie sich bewusst, was Sie gewinnen, wenn Sie der Ablenkung widerstehen.

Mein Ziel

Was bringt mich heute meinem Ziel einen Schritt näher?

Was werde ich deshalb heute unbedingt tun?

Wann tue ich das?

Wie sage ich nein?

Was tue und sage ich, wenn eine solche Ablenkung kommt?

Was könnte mich ablenken?

Was gewinne ich dafür?

Was gewinne ich, wenn ich Nein sage? Wofür habe ich stattdessen (mehr) Zeit?

Fokus

Erfolgreiche Leute haben stets Ihr Ziel vor Augen und verfolgen dieses konsequent, ohne sich zu verzetteln.

Wie fokussiert sind Sie? Behalten Sie das Ziel wie ein Rennfahrer vor Augen, auch wenn Sie in der Kurve ins Schleudern geraten? Lassen Sie sich rasch ablenken? Sind Sie vielseitig interessiert und haben Mühe sich festzulegen?

Stellen Sie sich vor, Sie richten sämtliche Aktivitäten auf ein einziges Ziel aus. Da kommt eine Menge an Energie und Engagement zusammen und der Fortschritt in Richtung Ziel wird rasch sichtbar. Greg McKewon hat das in seinem Buch «Essentialism» wunderschön illustriert:

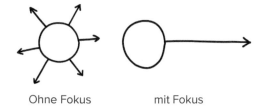

Ohne Fokus   mit Fokus

Warum ist es so schwierig, den Fokus zu behalten? Meist liegt es daran, dass wir unser Ziel gar nicht so klar kennen, also erst gar nichts haben, worauf wir uns fokussieren könnten. Es ist relativ einfach, sich durch die Anforderungen und Ansprüche anderer treiben zu lassen. Sie arbeiten fleissig und sind vielleicht sehr effizient. Doch das ist trügerisch und nicht nachhaltig. Woraus ziehen Sie wirklich Ihre Befriedigung? Nachhaltige Erfüllung erfahren Sie dann, wenn Sie sich für ein Ziel einsetzen, das Ihrer Vision entspricht. Eine Vision zu haben, sich ein herausforderndes Ziel zu stecken, ist Treiber Ihres Engagements und lässt Sie am Morgen motiviert aufstehen. Die Befriedigung, über sich hinaus zu wachsen und das Ziel zu erreichen, ist unbezahlbar.

Sie kennen Ihre Vision oder Ihr Ziel. Sie haben den Leitstern also stets vor Augen. Nun gilt es, den Fokus zu behalten und immer wieder zu entscheiden, ob eine Tätigkeit effektiv zielführend ist. Wenn sie das nicht ist, sollten Sie «Nein» sagen. Ausser es sei ein «Umweg», der sich vielleicht sogar lohnt, weil Sie wichtige Erfahrungen sammeln oder Inspiration gewinnen können. Die meisten Menschen aber verlieren den Fokus aus den Augen, weil sie zwar Ja zum Ziel sagen, aber nicht Nein zu allen anderen Möglichkeiten. Mit der Folge, dass sie ein

bisschen alles tun, aber nichts richtig. Solche Menschen sind den ganzen Tag beschäftigt mit «nichts tun».

Wenn Sie Mühe haben, den Fokus zu behalten, stellen Sie sich zuerst die vielleicht etwas unbequeme Frage, ob Sie eine klare Vision oder ein Ziel haben, worauf Sie fokussieren können. Wenn nicht, blättern Sie nochmals zurück zum Kapitel «Orientierung – Vision entwickeln». Falls Sie zwar eine klare Vision haben, sich unterwegs aber immer wieder ablenken lassen und verzetteln, nehmen Sie sich mehr Zeit. Zeit – nur wenige Sekunden – bevor Sie sich in eine neue Aufgabe stürzen, um die strategische Überlegung zu machen: Ist diese Aufgabe zielführend? Wenn nicht, sagen Sie öfters Nein. Wenn Sie genau wissen, was Ihr Ziel ist, dann wissen Sie auch, wofür Sie Nein sagen. Das erleichtert das Neinsagen ungemein. Probieren Sie es aus.

Erfolgreiche Leute zeichnen sich dadurch aus, dass sie Ihr Ziel kennen, die Prioritäten entsprechend setzen und auch bei Ablenkungen konsequent auf dem Weg der Umsetzung bleiben. Wollen Sie Erfolg haben, müssen Sie Nein sagen können. Nein zu Ablenkungen, Nein zu Prioritäten anderer Leute und Nein zu dringlichen, aber nicht wichtigen Dingen. Jon Kabat-Zinn, der Begründer der Achtsamkeitslehre, meint: «Ja zu sagen kostet Zeit, deshalb sage ich meistens Nein.»

Ich will ein Date

Wenn Sie tatsächlich all Ihre Gedanken und Handlungen auf ein Ziel ausrichten, schaffen Sie Unmögliches. Das zeigt uns Brian Herzlinger in seinem Dokumentarfilm: My date with Drew. Er will unbedingt ein Date mit Drew Barrymore. Das Problem ist nur, dass Drew Barrymore keinen Deut davon hat und ihn auch nicht kennt, weil er ein völlig Unbekannter ist. Also so wie Sie und ich. Schauen Sie sich die amüsanten 30 Tage an, in denen Brian alles daran setzt, ein Date zu kriegen. Und lassen Sie sich überraschen, wie weit er kommt. Brian Herzlinger: My date with Drew, 2004.

Fokus
Tipps

Tipp #2
Flow

Den Zustand tiefster Konzentration, also das völlige Aufgehen in einer Tätigkeit, nennt man Flow. In solchen Momenten geht Ihnen das Schaffen völlig mühelos von der Hand. Sie vergessen alles rund um sich herum. Im Flow-Zustand sind Sie völlig frei von Selbstzweifeln und Ihre Kreativität ist grenzenlos. Sie sind im Flow nicht nur sehr produktiv und kreativ sondern – und das ist das Schöne daran – Sie erleben diesen mentalen Zustand als äusserst beglückend. Es braucht jedoch Zeit und ungestörtes Arbeiten, um in den Flow zu kommen. Schaffen Sie sich solche Zeiten, in denen Sie sich mindestens 60 oder besser 90 Minuten lang ungestört und ohne Ablenkung einer Aufgabe widmen können (siehe dazu Kapitel «Stolperstein – Unterbrechungen & Multitasking). Staunen Sie, wie viel Sie in dieser Zeit bewerkstelligen können. Übrigens bekommt man Übung und gerät immer schneller in den Flow.

Tipp #1
Produktivste Zeit nutzen

Finden Sie heraus, wann Sie am produktivsten arbeiten können. Ist es frühmorgens, wenn Ihr Geist noch frisch und Ihr Kopf frei von Alltagskram sind? Laufen Sie in den späten Abendstunden zur Höchstform auf? Legen Sie Ihren Tagesgewinn auf diese Zeit. Nutzen Sie Ihre produktivste Zeit für Ihre wichtigsten Aufgaben, ungestört und in voller Konzentration. Machen Sie ein Ritual daraus, indem Sie das täglich in Ihren Zeitplan einbauen. Ihr Umfeld wird sich daran gewöhnen und respektieren, dass das Ihre Zeit ist. Sie erleben eine ungeahnte Leistungssteigerung.

Tipp #3

Momentum schaffen

Wenn Sie alle Ihre Gedanken und Tätigkeiten auf ein Ziel ausrichten, kommt eine geballte Ladung an Energie zusammen. Sie machen Fortschritte, gewinnen an Tempo und kreieren Momentum. Dann sind Sie wie ein Schnellzug, der in voller Fahrt nahezu jedes Hindernis durchbricht. Mit fokussierter mentaler Energie einerseits und gebündelter Schaffenskraft andererseits können Sie alles erreichen. Produktivitätscoach David Allen bringt es auf den Punkt: «You can do anything, but not everything.»

Tipp #4

Nein sagen

Wenn Sie wissen, was Sie wollen und wenn Sie wissen, was Sie tun müssen, um dahin zu kommen, lassen Sie sich nicht so rasch ablenken und können einfacher Nein sagen. Weil Sie wissen, wozu Sie Ja gesagt haben. Wenn Sie nicht auf der Spur bleiben, sondern sich bei jedem Anlass ablenken lassen, verpuffen Sie Ihre Energie wie ein Putschauto auf dem Jahrmarkt. Machen Sie sich bewusst: Nein zu Ablenkungen oder fremden Ansprüchen zu sagen, bedeutet Ja zu sich selbst zu sagen. Ja zu Ihrer Vision. Ja zu Ihren Zielen.

Tipp #5

Meditation

Meditation verändert nachweislich unser Hirn. Dank regelmässiger Meditation können Sie schneller und einfacher in die «Beobachterrolle» schlüpfen und damit die nötige Distanz zu Gedanken und Gefühlen herstellen. Dadurch werden Sie ruhiger, können überlegter handeln und werden umso effektiver. Sie fokussieren aufs Wichtige ohne sich ablenken zu lassen. Wenn Sie Meditation noch nicht für sich entdeckt haben, atmen Sie einfach öfters tief durch. Nahezu alle Mediationstechniken arbeiten mit dem Atem. Die Konzentration auf den Atem hilft, auch in hektischen Zeiten ruhig zu werden und die Ruhe zu bewahren. Um dann klar und fokussiert das zu tun, was wichtig ist.

Fokus
Werkzeug

Dieses Werkzeug unterstützt Sie dabei, Ihren Fokus zu finden und zu behalten. Indem Sie sich immer wieder Ihre Vision oder Ihr Ziel vor Augen führen, lenken Sie Ihre Gedanken und Aktivitäten bewusst und unbewusst auf Ihr Ziel. Das schafft nicht nur Klarheit, sondern Sie gewinnen dadurch an Kraft, sich für Ihr Ziel einzusetzen. Schaffen Sie dadurch Momentum, das Sie jedes Hindernis überwinden lässt.

1. Suchen Sie sich drei Bilder, die Ihre Vision oder Ihr Ziel darstellen. Oder wählen Sie Bilder, die dafür stehen, wie Sie sich fühlen möchten.

2. Stehen Sie jeden Morgen fünfzehn Minuten früher als nötig auf.

3. Setzen Sie sich an Ihren Lieblingsplatz und nehmen Sie sich Zeit, um diese Bilder anzuschauen und auf sich wirken zu lassen.

4. Schreiben Sie Ihr Ziel, Ihre Pläne, Gedanken und Ideen dazu auf.

5. Lesen Sie einige Minuten etwas Inspirierendes oder ein Sachbuch zu dieser Thematik.

6. Ergänzen Sie Ihre Gedanken.

7. Schreiben Sie auf, warum Sie Ihr Ziel erreichen werden.

8. Legen Sie fest, was Sie heute konkret tun, um Ihrem Ziel einen Schritt näher zu kommen.

Mein Ziel und meine Gedanken und Ideen dazu Inspiration

Inspiration

Ich erreiche mein Ziel, weil

Tagesgewinn: Das tue ich heute, um meinem Ziel einen Schritt näher zu kommen

Das Wichtigste zuerst

Sie schuften den ganzen Tag, arbeiten eine Pendenz nach der anderen ab und wollen noch schnell dies und das erledigen, bevor Sie sich einer ganz wichtigen Aufgabe widmen – zum Beispiel ein Konzept erarbeiten, eine Präsentation erstellen oder einen Artikel schreiben.

Gerade als Sie beginnen wollen, kommt Ihr Kollege vorbei und hält Sie mit einer kniffligen Frage nochmals eine gute Stunde lang auf. Als Sie sich dann endlich hinsetzen, um die Aufgabe in Angriff zu nehmen, ist es bereits sieben Uhr abends und eigentlich sind Sie hundemüde.

Wollen Sie produktiv sein? Dann erledigen Sie das Wichtigste zuerst. Streben Sie danach, Ihren Tag so zu planen, dass Sie mit dem Wichtigsten beginnen können und dass Sie genügend Zeit dafür haben. Fokussieren Sie Ihre gesamte Energie auf diese Tätigkeit. Sobald Sie Ihre wichtigste Priorität erledigt haben, halten Sie einen Moment inne und freuen Sie sich über den erzielten Fortschritt. Das können einige Sekunden sein, in denen Sie sich mental – oder real – auf die Schultern klopfen.

Doch warum ist es so entscheidend, das Wichtigste zuerst zu tun? Weil es enorme Befriedigung verschafft, das Wichtigste – den Tagesgewinn – erledigt zu haben und zu wissen, dass man einen Schritt Richtung Ziel gemacht hat. Dieses Hochgefühl gibt Ihnen die nötige Energie, vielleicht weniger angenehme Dinge rasch und erfolgreich zu erledigen. Sichern Sie sich also Ihr Erfolgserlebnis bereits zu Beginn des Tages – und der Rest geht Ihnen einfacher von der Hand.

Manchmal lässt es die Tagesplanung nicht zu, dass Sie mit dem Wichtigsten beginnen. Vielleicht haben Sie einen Termin, den Sie nicht schieben können oder wollen. Dann ist es umso wichtiger, dass Sie sich am Morgen nochmals vor Augen führen, welches Ihr Tagesgewinn ist. Stellen Sie sicher, dass Sie dann genügend Energie haben, die wichtigste Aufgabe des Tages mit vollem Elan anzupacken. Falls sich die Tage häufen, an denen Sie das Wichtigste nicht zu Tagesbeginn anpacken können, überprüfen Sie Ihre Planung. Sind Sie wirklich fremdgesteuert und können den Tagesbeginn nicht selbstbestimmter gestalten? Versuchen Sie unbewusst, alle anderen Erwartungen zu erfüllen ohne eigene Prioritäten zu setzen? Haben Sie den Mut und setzen Sie Prioritäten. Mit dem Risiko, dass Sie andere Erwartungen nicht erfüllen. Der Erfolg wird Ihnen Recht geben.

Das Wichtigste zuerst
Tipps

Tipp #1
Das Wichtigste kennen

Es ist entscheidend, dass Sie jeden Morgen – oder am Abend vorher – die strategische Tagesplanung machen und die Frage beantworten: Was ist das Wichtigste, um Ihr Ziel zu erreichen? Welches ist Ihre Priorität, was ist der Tagesgewinn? Was wollen Sie heute unbedingt erledigen und wovon lassen Sie sich auf keinen Fall ablenken?

Tipp #2
Die Tätigkeit benennen

Sie kennen das Wichtigste. Benennen Sie nun die Tätigkeit, die Sie dafür tun müssen, so genau wie möglich. Was genau umfasst dieses Stichwort und welches ist Ihr Beitrag? Formulieren Sie Ihre Priorität anhand einer konkreten Tätigkeit und machen Sie sich damit klar, was genau Sie tun wollen. Das hilft, aufs Wesentliche zu fokussieren und gibt Ihnen zudem einen konkreteren Anhaltspunkt, wie viel Zeit Sie für die Erledigung einplanen sollten.

Tipp #3

Das Wichtigste zuerst

Beginnen Sie Ihren Tag mit dem Tagesgewinn. Nicht nur, weil Sie damit auf die Aufgabe fokussieren, die Sie einen Schritt näher ans Ziel oder zur Vision bringt. Sondern weil Sie eine unglaubliche Befriedigung verspüren, wenn Sie diese Aufgabe erledigt haben. Belohnen Sie sich mit einem Schulterklopfen und einer grossen Tasse Kaffee. Nehmen Sie es gelassen, wenn sich Ihre Kollegen über Ihr breites Grinsen wundern. Geniessen Sie die Befriedigung. Diese Energie nehmen Sie mit durch den Tag und alles andere geht Ihnen plötzlich leichter von der Hand.

Tipp #4

Rituale sparen Energie

Machen Sie es zum Ritual. Widmen Sie sich am Morgen ungestört und fokussiert zuerst der wichtigsten Aufgabe des Tages. Mit zuerst meine ich zuerst, also bevor Sie die E-Mails checken. Sonst ist, bevor Sie sich versehen, eine Stunde um und Sie stecken mitten in der operativen Hektik. Machen Sie es sich zur Gewohnheit. Auch Ihr Umfeld wird sich daran gewöhnen. Holen Sie sich also als erstes den Tagesgewinn und Sie müssen sich abends nie mehr fragen, was Sie eigentlich den ganzen Tag lang gemacht haben.

Tipp #5

Reflexion

Nehmen Sie sich kurz Zeit nach dem Tagesgewinn, zum Beispiel zwischen dem Schulterklopfen und Kaffeeholen. Reflektieren Sie, was Sie in den vergangenen Minuten erreicht haben, warum Sie es erreicht haben und was Sie für den Tag mitnehmen können. Lernen Sie sich und Ihre Arbeitsweise besser kennen. Was brauchen Sie, um gut arbeiten zu können und Erfolge zu erzielen? Kultivieren Sie das Erfolgserlebnis und die Befriedigung. Geniessen Sie Ihre zunehmend gute Laune.

Das Wichtigste zuerst
Werkzeug

Nehmen Sie sich jeden Morgen Zeit für die strategische Tagesplanung. Mit diesem Werkzeug machen Sie sich bewusst, welche Tätigkeit Sie heute Ihrem Ziel einen Schritt näher bringt. Mit dem Tagesgewinn beginnen Sie Ihren Tag. Damit erreichen Sie zwei Dinge: Sie beginnen den Tag mit der wichtigsten Aufgabe und vermeiden, dass Sie spät abends keine Zeit mehr dafür haben. Zudem motiviert Sie der Erfolg und Sie meistern die restlichen Herausforderungen des Tages mit mehr Energie. Sie werden effektiver.

Tagesgewinn
Diese Aufgabe bringt mich meinem Ziel einen Schritt näher

Tätigkeit

Welche konkrete Tätigkeit erfordert die Aufgabe?

Zielorientierung

Inwiefern bringt mich diese Aufgabe meinem Ziel näher?

Lernkurve

Was kann ich durch diese Tätigkeit verbessern und lernen?

Belohnung

Was gönne ich mir, wenn ich den Tagesgewinn geholt habe?

Experimentieren & lernen

«Ich würde das gerne tun, aber ich traue mich nicht» oder «Bei mir muss es eben perfekt sein». Nahezu alle von uns kennen solche Stimmen im Hinterkopf. Die Stimme der Perfektion. Doch dieser Anspruch an Perfektion hindert uns oft vor dem ersten Schritt, sodass wir etwas lieber nicht tun, als dass wir es falsch tun. Es ist die Angst vor dem Scheitern oder sich zu blamieren, die uns hemmt. Damit stehen wir uns leider nur selbst im Wege. Denn wir verbauen uns den Erfolg und die Chance, zu lernen. Beides macht glücklich. Lassen Sie das Perfekte nicht den Feind des Guten sein. Übung macht den Meister. Denken Sie daran: Flexibilität besiegt Perfektion.

Wie viele Niederlagen musste Roger Federer einstecken, bis er zum ersten Mal in Wimbledon als Sieger vom Platz ging? Die Niederlagen, Frustrationen und Mühen, die den Weg des Erfolges pflastern, sehen wir oftmals nicht mehr, wenn ein Erfolgreicher im Rampenlicht steht. Solch erfolgreiche Personen haben diese Ausstrahlung, dass Ihnen alles leicht fällt. Schon ist der Neid geweckt und Sie denken vielleicht: «Dem fällt alles in den Schoss; die Welt ist einfach nicht gerecht.» Richtig, die Welt ist nicht gerecht. Doch vor allem erfolgreiche Menschen arbeiten hart. Sie haben sicherlich Talent auf Ihrem Gebiet, doch die vermeintliche Leichtigkeit basiert immer auf Schwerstarbeit.

Erfolgreiche Menschen sind getragen von der Überzeugung, dass sie die Herausforderungen meistern und gewinnen können. Der Glaube ans eigene Potenzial entscheidet darüber, wie ernsthaft Sie sich engagieren. Je ernsthafter Sie sich engagieren, desto grösser ist die Chance auf Erfolg. Der Erfolg wiederum stärkt den Glauben ans eigene Potenzial und Ihr Selbstvertrauen. Umso mehr setzen Sie sich ein. Nutzen Sie diesen positiven Kreislauf. Er ist bekannt als Confidence-Competence-Loop oder frei übersetzt die Selbstvertrauen-Kompetenz-Spirale. Arbeiten Sie auf einem Gebiet, in dem Sie Ihre Talente einsetzen können. Ihr volles Potenzial können Sie nur abrufen, wenn Sie daran glauben, dass alles möglich ist. Und wenn Sie üben, üben, üben.

Ihr Potenzial ist nicht fix. Sie können es ausbauen. Dafür braucht es Einsatz und die Fähigkeit, nach Niederlagen wieder aufzustehen und einen neuen Anlauf zu nehmen. Setzen Sie sich mit Ihrer Vision einen Leitstern. Der lässt Sie auch in schwierigen Zeiten, wenn Sie eine Niederlage einstecken müssen, den Traum nicht aus den Augen verlieren. Machen Sie sich den Weg dahin bewusst; er ist gepflastert von Fehlversuchen. Gewinnen Sie den Versuchen eine spielerische Note ab, indem Sie sie als Schritte auf Ihrer Lernkurve einordnen. Jeder Versuch ist ein Experiment, durch das Sie lernen und besser und effektiver werden.

Die Devise ist Tun. Erfolg kommt von Tun.

Experimentieren & lernen

Tipps

Tipp #1
Lernende Einstellung

Die lernende Einstellung ist der Schlüssel zum Erfolg. Es geht darum, dass Sie sich auf den Lernprozess konzentrieren. So wird jede einzelne Herausforderung eine weitere Lernchance. Es geht also weniger darum, ob Sie eine Aufgabe meistern oder einen Misserfolg einstecken müssen. Sondern Sie erkennen vielmehr, was Sie durch einen Erfolg oder Misserfolg lernen können. Das relativiert Misserfolge ungemein. Wenn Ihre Lernkurve eine Zeit lang waagrecht ist, halten Sie durch. Man nennt das Lernplateau. Es ist bloss die Phase vor der nächsten Stufe. Ein chinesisches Sprichwort lautet: «Fürchte dich nicht vor langsamen Veränderungen, fürchte dich vor dem Stillstand.»

Tipp #2
Exzellenz statt Perfektionismus

Lassen Sie das Perfekte nicht den Feind des Guten sein. Perfekt im Sinne von «es ist nie gut genug» blockiert mehr als es motiviert. Perfektionisten fürchten in der Regel das Urteil der anderen. Sie wagen lieber erst gar keinen Versuch, als Gefahr zu laufen, kritisiert zu werden oder zu scheitern. Stehen Sie sich nicht selber im Weg. Riskieren Sie es. Stellen Sie sich Ihrer Verletzlichkeit und nehmen Sie das emotionale Risiko auf sich, dass andere über Sie urteilen. Erstens: Wenn Sie mitlachen, kann Sie niemand auslachen. Zweitens: Wenn Sie Misserfolge verdauen müssen, seien Sie lieb zu sich selbst. So entwickeln Sie Frustrationstoleranz. Drittens: Es ist noch nie ein Meister vom Himmel gefallen. Also beginnen Sie, üben Sie und werden Sie besser. Aber geben Sie sich nicht mit Halbpatzigem zufrieden. Streben Sie nach Exzellenz auf Ihrem Gebiet.

Tipp #4
Feedback

Lob tut gut – und das wollen Sie geniessen. Doch um weiterzukommen, zählt weniger der Komfort als die Herausforderung. Um zu wachsen, müssen Sie sich weiter entwickeln. Holen Sie sich Rückmeldungen, wenn Sie etwas Wichtiges getan haben. Fragen Sie nach der Beurteilung durch Experten auf Ihrem Gebiet, sodass Sie möglichst viel lernen können. Sehen Sie Anregungen und Kritik als Möglichkeit, sich zu verbessern. Andere Meinungen diversifizieren Ihre Lösungsansätze und regen Sie an, stets an sich selbst zu arbeiten.

Tipp #3
Misserfolge zur Routine machen

Das klingt nun etwas merkwürdig. Es geht natürlich nicht darum, dass Sie möglichst viele Misserfolge einfahren, sondern vielmehr darum, dass Sie Ihre Einstellung zu Misserfolgen ändern. Denn Misserfolge setzen voraus, dass Sie etwas Neues tun, sich herausfordern und eben das Risiko eingehen, zu scheitern. Der Vater von Sara Blakely, der erfolgreichen Gründerin von Spanx, hat seine Tochter jede Woche gefragt: «What did you fail at this week?» und er hat ihr nach Misserfolgen jeweils ein High-Five gegeben. Sie können sich auch fragen: «Lerne ich mehr aus meinen Erfolgen oder aus meinen Misserfolgen?»

Tipp #5

Spiel und Spass

Werten Sie Ihre Gehversuche als Experiment. Im Spiel dürfen wir experimentieren und Spass haben. Damit setzen Sie den Fokus mehr auf den Prozess und relativieren den Ausgang. So wird der Versuch wichtiger als der Erfolg oder Misserfolg. Spielen fördert kreative Gedanken und schafft damit die idealen Voraussetzungen für die Lösungsfindung. Viele Innovationsmethoden setzen deshalb bewusst spielerische Elemente ein. Sorgen Sie zudem dafür, dass Sie Spass haben. Spass motiviert. Freude öffnet den Geist. Und beides brauchen Sie im Business, um nachhaltig Erfolg zu haben. Oft genug müssen Sie Niederlagen einstecken. Da erleichtert Humor den erneuten Anlauf. Oder wenn Sie bei der Lösungssuche in einer Sackgasse stecken: Mit Spiel und Spass lösen Sie Denkblockaden und öffnen neuen Ansätzen die Türe. Albert Einstein war überzeugt: «Spiel ist die höchste Form der Forschung.»

Emotionales Risiko

Oftmals tun wir etwas nicht, weil wir Angst vor dem Scheitern haben. Angst davor, ausgelacht zu werden. Angst, nicht zu genügen. Angst, nicht geliebt zu werden. Da wir dieses emotionale Risiko nicht eingehen wollen, wagen wir erst gar nicht den Versuch. Wir sagen uns dann «ach, so wichtig ist das nun auch wieder nicht» und leben die Kühnheit in unseren Träumen aus. Solche und andere Vermeidungsstrategien schützen uns wohl vor dem emotionalen Risiko, verletzt zu werden. Sie bringen uns jedoch auch um den Preis, stolz zu sein und an Herausforderungen zu wachsen. Deshalb wollen Sie Ihre eigene Verletzlichkeit anerkennen und wieder lernen, sich zu wagen und zu exponieren. Dadurch lernen Sie gleichzeitig, Misserfolge schneller wegzustecken und Verletzungen besser zu heilen. Einen augenöffnenden Ansatz dazu liefert die Forscherin Brené Brown. Wer eine kurze Einführung geniessen will, hört sich ihre berührende Rede bei TED an. Damit wurde die bisher unbekannte Forscherin über Nacht berühmt. Brené Brown: The power of vulnerability. Wer es ausführlicher mag, findet die Publikationstitel im Verzeichnis.

Experimentieren & lernen
Werkzeug

Mit der Frage «Was kann ich lernen?» rücken Sie Herausforderungen in ein neues Licht. Es geht weniger um den absoluten Erfolg oder Misserfolg, sondern um den Lernprozess. Kultivieren Sie diesen Lernprozess, indem Sie regelmässig Experimente definieren und festlegen, was Sie dabei lernen wollen. Machen Sie es sich zur täglichen Routine, etwas zu lernen.

Experiment
Was will ich wagen?

Stolpersteine
Was könnte schiefgehen? Welches sind die Stolpersteine?

Lernkurve

Was will ich beim Experiment lernen?

Neuer Versuch

Was tue ich, wenn ich gestolpert bin?
Was will ich bei einem zweiten Versuch
verändern?

Rückmeldung

Von welchen Experten hole ich mir
Rückmeldung auf mein Experiment?

Kapitel 3

Stolpersteine

Sie kennen die Erfolgsfaktoren und haben Ihre Effektivität erfolgreich gesteigert. Damit Sie noch wirkungsvoller werden, möchten Sie Stolpersteine auf dem Weg frühzeitig erkennen und umgehen. So können Sie an Momentum gewinnen und noch effektiver werden.

Unterbrechungen & Multitasking

Wann haben Sie sich zum letzten Mal eine Stunde lang ungestört und konzentriert einer Sache gewidmet? Wann waren Sie so in eine Tätigkeit vertieft, dass Sie dabei sich selbst und die Zeit vergessen haben?

Ertappen Sie sich manchmal dabei, von einer Aufgabe zur anderen zu hüpfen und alles gleichzeitig tun zu wollen? Oder lassen Sie sich rasch ablenken? Nehmen Sie sich ein Beispiel an Kindern. Kinder sind oft Meister darin, in einer Tätigkeit zu versinken. Sie können so in ihr Spiel vertieft sein, dass sie ihre Umwelt nicht mehr wahrnehmen. Sie hören nicht einmal, wenn wir sie beim Namen rufen. Wenn ein Kind so in seinem Spiel aufgeht, sagen wir, es sei «selbstvergessen». Genauso ist es, wenn man in einer Tätigkeit aufgeht. Man vergisst sich selbst.

Für uns Erwachsene ist das Versinken in eine Tätigkeit oft schwierig geworden. Einerseits, weil unsere Tätigkeiten nicht einfach schönes lustiges Spiel sind. Oftmals sind unsere Tätigkeiten anstrengend und sie erfordern unsere volle Konzentration. Doch die Anstrengung ist nur in der Anfangsphase spürbar. Sind Sie einmal in der Aufgabe drin und kommen in den Flow, geht es quasi wie von selbst. Doch manchmal bleibt eine Tätigkeit auch bis zum Schluss anstrengend. Dann, wenn die eigenen Fähigkeiten noch nicht so weit sind, dass die Aufgabe lösbar erscheint oder mühelos von der Hand geht. In solchen Momenten ist die Versuchung gross, bereits in der Einstiegsphase wieder abzubrechen. Sich zuerst einmal einen Kaffee zu holen. Oder sollte nicht das Büro schon lange wieder mal aufgeräumt werden? Doch genau jetzt gilt es zu trainieren und die eigenen Fähigkeiten auszubauen. Leichtigkeit beruht immer auf Schwerstarbeit. Das braucht Energie, Konzentration und Ausdauer.

Andererseits haben wir verlernt, uns zu konzentrieren. Sobald etwas unsere Konzentration erfordert, ist die Versuchung für viele unwiderstehlich, sich ablenken zu lassen. Weil wir sofortige Befriedigung suchen. Konzentration will also wieder gelernt sein. Mussten wir nicht in der Schule eine Stunde lang «still sitzen»? Wie lange können Sie das heute noch?

Es gibt noch einen weiteren Faktor, der uns immer wieder aus der Tätigkeit reisst. Unterbrechungen, sei es durch Arbeitskollegen, die

mit Anliegen kommen oder ein Telefonat, verunmöglichen, dass wir überhaupt in den Flow kommen. Oder wir unterbrechen uns selber. Selbstkritisch gefragt: Wie oft rufen Sie Ihre E-Mails ab oder beantworten rasch eine Kurznachricht während einer anderen Tätigkeit? «Ich muss erreichbar sein» höre ich oft als Begründung. Ist es Notwendigkeit oder Gewohnheit? Oder gibt es einem einfach das Gefühl, wichtig zu sein? Ist es wirklich unabdingbar, ständig erreichbar zu sein? Als Mitarbeitender eines Callcenters während der Präsenzzeiten sicherlich. Doch als Wissensarbeiter oder als Führungsperson? Während einer wichtigen Verhandlung mit Ihrem wichtigsten Kunden sind Sie für andere auch nicht erreichbar, oder? Stellen Sie sich vor, ein Chirurg würde während einer Herztransplantation die SMS seines Fussballkollegen beantworten. Höchstleistungen erfordern höchste Konzentration. Lassen Sie sich jedoch ablenken oder unterbrechen sich, können Sie weder konzentriert und produktiv arbeiten, noch erreichen Sie jemals den Flow-Zustand. Denn nach jeder Unterbrechung müssen Sie sich neu in die Thematik einarbeiten. Das ist unheimlich ineffizient.

Dasselbe gilt für Multitasking. Wenn es um herausfordernde kognitive Leistungen geht, arbeitet unser Hirn sequenziell. Sie können also nicht zwei anspruchsvolle Denkaufgaben gleichzeitig bewältigen. Gedanklich springen Sie von einer Aufgabe zur anderen. Dies bedeutet Wechselkosten und ist ebenfalls ineffizient.

Seien Sie ehrlich: Eigentlich wissen Sie, dass Multitasking nicht möglich ist. Drehen Sie auch die Musik leiser, wenn Sie seitwärts einparken müssen? Können Sie ein anspruchsvolles Gespräch führen, wenn Sie den Weg suchen müssen? Sie entlarven übrigens auch andere mit sicherem Gespür beim Multitasking. Erinnern Sie sich an die Telefonate, bei denen Ihr Gesprächspartner irgendwann nur noch «hm... ja... aha...» sagte, weil er gleichzeitig E-Mails schrieb? Oder Ihnen kommt der fixierende Blick Ihres Partners in den Sinn, wenn er vorwurfsvoll fragt: «Schatz, du hörst gar nicht zu! Du bist irgendwo in deine Gedanken versunken.»

Wir sind oft am Multitasken: Wir essen das Sandwich über die Tastatur gebeugt, telefonieren, während wir die Kinder ins Auto verfrachten, beantworten E-Mails in Sitzungen und schreiben SMS beim Autofahren. Gerade digitale Medien sind verführerisch. Sie suchen nach Information zu einem Thema, stossen bei der Recherche auf ein weiteres Thema, das Sie schon lange interessiert und Schwups – sind einige Stunden vorbei und die gesuchte Information haben Sie noch immer nicht beschafft. Sie sollten die Zahlungseingänge in der Buchhaltung prüfen und haben auf Ihrem Bildschirm gleichzeitig das Fenster offen, in dem der Fussballmatch online übertragen wird. Die Beispiele sind endlos.

Untersuchungen belegen, dass die Effizienz beim Multitasking sinkt. Multitasking kostet nicht nur Zeit, weil man immer wieder von einer zur anderen Aufgabe wechselt. Schlimmer noch. Die Forscher Eyal Ophir und Clifford Nass zeigten: Multitasker sind weniger aufmerksam, machen mehr Fehler, sind langsamer, können weniger irrelevante Infos aussortieren und sich deshalb weniger merken. Süffisant dabei ist, dass sich «Heavy Multitasker» für besser halten.

Multitasking ist nicht nur ein Effizienzkiller. Sie vergeben sich damit auch die Chance, im Augenblick zu sein, voll und ganz in einer Tätigkeit aufzugehen und die damit verbundene Befriedigung zu erleben. Tun Sie eines nach dem anderen. Konzentrieren Sie sich voll auf eine Tätigkeit. Schliessen Sie diese bewusst ab. Wertschätzen Sie die geleistete Arbeit, bevor Sie sich in die nächste Aufgabe stürzen. Diese Konzentration und Achtsamkeit macht Sie nicht nur effizienter, sondern gibt Ihnen zudem das wertvolle Gefühl der Ruhe.

Gerade mal elf Minuten

Lediglich elf Minuten sitzen Mitarbeiter ungestört an einer Aufgabe, bevor sie abgelenkt werden oder sich selber unterbrechen. Nach einer Unterbrechung dauert es geschlagene 25 Minuten, bis sie wieder an die ursprüngliche Aufgabe zurückkehren. Brisant: 44% der Unterbrechungen macht man selber. Diese Zahlen erhob die Forscherin Gloria Mark in einer Untersuchung von 2008. Es ist davon auszugehen, dass sich unterdessen die Anzahl Unterbrechungen vergrössert und die Phasen der Konzentration verkürzt haben. Übertragen wir das auf unseren Arbeitsalltag:

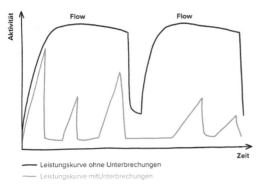

— Leistungskurve ohne Unterbrechungen
— Leistungskurve mitUnterbrechungen

In der Grafik erkennen Sie eine ideale Leistungskurve ohne Unterbrechungen und eine Leistungskurve, die von laufenden Unterbrechungen gekennzeichnet ist.

Die ideale Leistungskurve erreicht nach kurzer Einstiegsphase den Flow und fällt dann in Folge der Ermüdung leicht ab. Daher sollten Sie nach 60 bis 90 Minuten jeweils eine Pause einlegen. Spannend ist dabei, dass Ihre Aktivität in der Pause nicht den Nullpunkt erreicht, denn Ihr Unterbewusstes arbeitet an der Thematik weiter. Daher kommt es, dass Sie nach der Pause plötzlich eine Lösung für eine Fragestellung finden, an der Sie sich vorher fast die Zähne ausgebissen haben.

Die Flächen unterhalb der Kurven zeigen die Produktivität. Leider entspricht unser Arbeitsalltag häufiger der unteren Leistungskurve und ist geprägt durch laufende Unterbrechungen. Das bedeutet, dass Sie nie in den Flow kommen und Ihre Produktivität bescheiden bleibt.

Sorgen Sie dafür, dass Sie so oft wie möglich ungestört arbeiten können – Sie sind unvergleichlich produktiver. Wenn Sie zudem daran denken, dass Wertschöpfung wesentlich zu Ihrer Zufriedenheit beiträgt, steigern Sie dank den Phasen ungestörten Arbeitens nicht nur Ihre Produktivität, sondern auch Ihre Zufriedenheit.

Unterbrechungen &
Multitasking
Tipps

Tipp #1
Offline-Fenster

Organisieren Sie sich ein Zeitfenster von mindestens 60 bis 90 Minuten, währenddessen
Sie sich ungestört einer Tätigkeit widmen können. Suchen Sie dafür einen Raum, in dem Sie
sich wohl und inspiriert fühlen, ohne dass Sie
etwas ablenkt. Für manche ist ein abgeschlos-
sener Raum mit leerem Schreibtisch ideal, für
andere ein belebtes Kaffee. Auch in modernen
Grossraumbüros gibt es Möglichkeiten, sich in
ein Sitzungszimmer zurückzuziehen oder mittels Kopfhörern abzugrenzen. Gehen Sie offline:
Schalten Sie Ihr Handy aus – Sie sind ja auch
nicht erreichbar, wenn Sie an einer Sitzung sind
– und schliessen Sie Ihr E-Mail-Programm. Fast
die Hälfte aller Unterbrechungen machen wir
selber. Widerstehen Sie dieser Versuchung. Ein
tägliches Offline-Fenster von 60 bis 90 Minuten
steigert Ihre Produktivität massiv.

Tipp #2
Einstiegshürden überwinden

Aller Anfang ist schwer. So auch der Beginn
einer Arbeit: Sie müssen sich wieder in die Thematik hinein denken und vielleicht ist der Weg
auf den Berg noch nicht erkennbar und Sie stehen vor scheinbar unüberwindbaren Felswän-
den. Darum ist die Versuchung gross, sich in
der Einstiegsphase gar nicht so richtig auf die
Aufgabe einzulassen. Warum nicht noch einen
Kaffee holen oder die SMS checken? Doch
genau in dieser Einstiegsphase gilt es, konsequent zu sein und sich richtig anzustrengen,
in die Tätigkeit einzutauchen. Nur wer sich mit
voller Konzentration einer Aufgabe widmet, hat
die Chance, in den Flow zu kommen und wird
mit Resultaten belohnt. Also halten Sie am Anfang durch.

Tipp #3
Fokus

Anspruchsvolle Aufgaben benötigen die volle
Konzentration. Schaffen Sie zuerst alle mögli-
chen Ablenkungen aus dem Weg. Räumen Sie
Dinge wie Pendenzenlisten, Dokumente, Zettel,
etc. aus Ihrem Gesichtsfeld. Denn diese Dinge
erinnern Sie ständig an unerledigte Aufgaben
und kosten Sie damit unbemerkt Energie. Gehen Sie offline, indem Sie Handy und Outlook
ausschalten. Konzentrieren Sie sich voll auf
Ihre Aufgabe. Sobald Ihre Gedanken von der

Aufgabe abdriften, fokussieren Sie erneut auf die Aufgabe. So trainieren Sie Ihre Konzentrationsfähigkeit. Mit der Zeit wird es Ihnen immer leichter fallen. Sie können nicht nur schneller in die Aufgabe eintauchen, sondern Sie können auch länger darauf fokussieren.

Tipp #4
Ungeteilte Aufmerksamkeit

Entscheiden Sie sich, welche Aufgabe Sie anpacken wollen und konzentrieren Sie sich auf diese Tätigkeit. Unabhängig davon, ob die Aufgabe klein oder gross, ob sie anspruchsvoll ist oder einfach von der Hand geht. Über der Tastatur zu Essen wird weder der Schreibarbeit gerecht noch macht es satt. Wenn Sie eine Tätigkeit tun, dann mit voller Konzentration und ungeteilter Aufmerksamkeit. Sowohl körperlich als auch mental. Häufig sind wir mental nur halb bei der Sache. Das kostet Energie, ist der Konzentration abträglich und erhöht die Fehlerquote. Das Resultat ist dann auch nur eine halbe Sache. Qualität gründet auf der Präsenz während des Schaffensprozesses. Fokussieren Sie Ihre physische Präsenz auf den Ort, an dem Sie sind und bündeln Sie Ihre Gedanken auf die Tätigkeit, die Sie ausüben. Auch in einem Gespräch: Schenken Sie Ihrem Gegenüber Ihre ungeteilte Aufmerksamkeit.

Tipp #5
Pausen

Pausen sind wichtig. Je nach Konzentrationsfähigkeit nimmt die Leistung nach 60 bis 90 Minuten ab. Dann ist eine Pause angesagt. Wichtig ist jedoch, eine echte Pause einzuschalten. Gerade in Workshops oder bei Sitzungen beobachte ich oft, dass die Leute in der Pause E-Mails beantworten und unzählige Telefonate führen, ohne sich eine richtige Pause zu gönnen. Eine richtige Pause bedeutet, keine kognitiv anstrengenden Tätigkeiten zu machen. Also lassen Sie das E-Mailen oder ähnliches bleiben. Trinken Sie etwas, plaudern Sie mit Ihren Kollegen oder laufen Sie eine Runde an der frischen Luft. Nur so geben Sie Ihrem Unbewussten den Raum, an der Aufgabe weiterzuarbeiten und im Idealfall mit der Lösung aufzuwarten, die Sie vorher vergeblich gesucht haben.

Ist man in eine Aufgabe vertieft oder gar im Flow-Zustand, kann es schon passieren, dass man vergisst, regelmässig eine Pause einzulegen. Auch wenn Ihnen die Arbeit vermeintlich mühelos von der Hand geht, werden Sie müde, Ihre Konzentration schwindet und es unterlaufen Ihnen Fehler. Oder Sie verausgaben sich dermassen, dass Sie sich irgendwann völlig energielos wiederfinden und Ihre Leistungsfähigkeit für die nächste Aufgabe nicht mehr hochfahren können. Daher ist es wichtig, Pausen zu machen. Stellen Sie, falls nötig, einen Wecker. Nur mit regelmässigen Pausen – es genügen auch Kurzpausen, in denen Sie rasch Ihren Körper strecken, ein paar Schritte gehen und einen Schluck Wasser trinken – können Sie Ihr Leistungsniveau hoch halten.

Unterbrechungen & Multitasking

Werkzeug

Planen Sie Ihren Tag mit dem Werkzeug des Stundenplansystems, das wir alle noch aus der Schule kennen (siehe auch «Erfolgsfaktor Organisation»). Reflektieren Sie Ihr Verhalten und werden Sie sich der eigenen Arbeitsweise bewusst. Erkennen Sie, wie oft Sie sich unterbrechen, wo und wovon Sie sich ablenken lassen, wie häufig Sie multitasken und ins Stolpern geraten. Diese oft unbewussten Verhaltensmuster rauben Ihnen viel Zeit und Energie. Eliminieren Sie solche Stolpersteine und laufen Sie zu Höchstleistungen auf.

Ein Beispiel für einen Stundenplan finden Sie auf der folgenden Doppelseite.

» Planen Sie Ihre Aufgaben und Aktivitäten.

» Machen Sie eine realistische Einschätzung, wie lange die Erledigung einer Aufgabe dauert oder wie viel Zeit Sie sich dafür nehmen wollen. Teilen Sie den Aufgaben entsprechende Zeitfenster zu.

» Je nach Tätigkeit macht eine Planung im Viertelstundentakt oder eben im Stundentakt Sinn. Finden Sie heraus, was Ihnen am besten entspricht und passen Sie Ihre Planung entsprechend an.

» Planen Sie kürzere und längere Pausen ein.

Reflektieren Sie jeweils zweimal pro Tag Ihr Verhalten, beispielsweise vor dem Lunch und am Feierabend:

» Notieren Sie, wo Sie die nötige Zeit unter- oder überschätzt haben. So werden Sie immer realistischer, wie viel Zeit die Erledigung einer Aufgabe erfordert.

» Beurteilen Sie, wie gut Sie sich ausschliesslich auf eine Aufgabe konzentrieren konnten. Tragen Sie den Wert zwischen 1 (dauernd abgelenkt) bis 10 (voll konzentriert) ein.

» Identifizieren Sie, was Sie unterbrochen hat oder bei welchen Tätigkeiten Sie ins Multitasking verfallen. War es der Ort, waren es äussere Umstände oder Sie selber?

» Wie können Sie diese Ablenkungen aus dem Weg räumen und beim nächsten Mal vermeiden? So verbessern Sie Ihre Fähigkeit, sich ausschliesslich auf eine Tätigkeit zu konzentrieren.

Tipp: Sie können Ihre Tätigkeiten auch online erfassen. Mit der App Toggl können Sie beispielsweise mittels einer Stoppuhr genau aufzeichnen, wann Sie was tun und wie lange Sie daran arbeiten. Auf einen Blick erkennen Sie in den Auswertungen, wie viel Zeit Sie in welche Aufgaben investiert haben. Dies vereinfacht die Zeiterfassung für Projekte oder Kunden.

Wann	Was	Wie gut konnte ich m... konzentrieren?
07.30 – 08.00		1 ——————
08.00 – 08.30		1 ——————
08.30 – 09.00		1 ——————
09.00 – 09.30		1 ——————
09.30 – 10.00		1 ——————
10.00 – 10.30		1 ——————
10.30 – 11.00		1 ——————
11.00 – 11.30		1 ——————
11.30 – 12.00		1 ——————
12.00 – 12.30		1 ——————
12.30 – 13.00		1 ——————
13.00 – 13.30		1 ——————
13.30 – 14.00		1 ——————
14.00 – 14.30		1 ——————
14.30 – 15.00		1 ——————
15.00 – 15.30		1 ——————
15.30 – 16.00		1 ——————
16.00 – 16.30		1 ——————
16.30 – 17.00		1 ——————
17.00 – 17.30		1 ——————
17.30 – 18.00		1 ——————
18.00 – 18.30		1 ——————

Was hat mich abgelenkt?	Wie kann ich die Ablenkung nächstes Mal vermeiden?

Unangenehmes vermeiden

Sie schieben das Ausfüllen der Steuererklärung seit Wochen hinaus und Ihnen graut vor dieser Tätigkeit, die Ihnen sowieso nur bewusst macht, wie viel vom hart verdienten Geld Sie wieder abliefern müssen. Vergleicht man jedoch die Zeit, in der Sie sich vor der Steuererklärung drücken mit der Zeit, die Sie fürs Ausfüllen benötigen, dann übersteigt der Gruselaufwand wohl um ein Vielfaches das effektive Erledigen. Die-se Zeit hätten Sie für anderes, zumindest aber für schönere Gedanken, aufwenden können.

Unangenehmes vermeiden ist einer der grossen Killer der Produktivität. Jeder kennt Prokrastination oder besser verständlich «Aufschieberitis». Wer hat nicht schon einmal die Wohnung sauber gemacht oder den Keller aufgeräumt, obwohl er eigentlich für die Prüfung lernen sollte? Wer liebt es, die Excel-Tabelle perfekt zu formatieren, statt den unangenehmen Anruf an die Steuerverwaltung zu machen? Wie oft sprechen Sie das Problem nicht an, weil Sie den Konflikt vermeiden möchten?

Warum schieben Sie Dinge auf? Es gibt wohl mehrere Gründe; die wichtigsten zwei sind mangelnde Motivation oder die Angst vor Unangenehmem.

Zuerst zur mangelnden Motivation: Die Motivation entspringt dem Sinn, den Sie einer Aufgabe zuordnen können. Wenn Sie wissen, was Sie unbedingt erreichen wollen, ist es gar nicht mehr so wichtig, ob ein Schritt angenehm oder unangenehm ist. Entscheidend ist viel mehr das Warum. Im schlimmsten Fall sehen Sie das Unangenehme als notwendiges Übel, das Sie einfach schnell erledigen wollen. Im besten Fall nehmen Sie es sogar als sportliche Herausforderung, durch die Sie sogar noch etwas lernen können.

Nehmen wir die Angst vor dem Unangenehmen ein wenig unter die Lupe: Allein von Angst zu sprechen, ist vielen schon unangenehm. Sie reden lieber von Respekt. Ich wähle bewusst das Wort Angst, denn nur wer wirklich hinsieht, kann die Angst besiegen. Wovor fürchten wir uns? Fast immer sind es die selben Ängste: zu versagen, sich zu blamieren, nicht zu genügen, verletzt oder nicht geliebt zu werden. Nur wer dieser Angst in die Augen schaut, kann sie überwinden und selber stärker werden. Schieben Sie die Dinge nicht mehr auf, sondern werden Sie sich Ihren Ängsten bewusst. Wählen Sie den Weg mitten durch die Angst hindurch. Denn dahinter liegen Erfolg und Freiheit. Setzen Sie sich ein Lernziel und packen Sie die unangenehme Aufgabe an. Wachsen Sie daran.

Unangenehmes vermeiden
Tipps

Tipp #1
Sinn und Reflexion

«Aufschieberitis» ist eine Gewohnheit, die es zu durchbrechen gilt. Beobachten Sie sich selbst. Welche Situationen sind Ihnen unangenehm? Was sind typische, meist unwichtige Tätigkeiten, in die Sie verfallen, wenn Sie etwas aufschieben? Halten Sie sich den Sinn vor Augen, um Ihre Motivation zu steigern: Was wollen Sie erreichen? Stellen Sie die Aufgabe in den Kontext Ihres Ziels. Ist Ihnen das Ziel wirklich wichtig, dann ist das Unangenehme bloss ein notwendiges Übel, oder?

Tipp #2
Sofort anpacken

Erledigen Sie unangenehme Dinge möglichst sofort. Denn je mehr Sie darüber nachdenken, desto mehr Gründe fallen Ihnen ein, warum Sie sie nicht jetzt tun müssen. Das Gefühl des Widerwillens wächst mit jedem negativen Gedanken. Man sagt, die Zeit nährt den Widerwillen oder die Angst. Denken Sie positiv – wenn Sie es sofort anpacken, haben Sie es hinter sich. Und das Schöne vor sich.

Tipp #3

Ein Spiel daraus machen

Wovor fürchten Sie sich? Wandeln Sie die Angst in eine Herausforderung um: Was können Sie dem Unangenehmen abgewinnen? Was könnten Sie dabei lernen? Was stachelt dabei Ihren Wettkampfgeist an? Wie können Sie der Situation eine spielerische Note verleihen? Seien Sie kreativ. Ihre Einstellung zum Unangenehmen – Ihr innerer Dialog – hilft Ihnen, die Angst zu überwinden und Unangenehmes leichter anzupacken. Setzen Sie sich selber eine Belohnung in Aussicht. Wenn Sie zum Beispiel etwas Unangenehmes erledigt haben, dürfen Sie am Abend lecker Essen oder mit Ihrem Freund ins Kino gehen. Die Belohnung erhöht Ihre Motivation und Sie wertschätzen sich selber für Ihre Anstrengungen.

Tipp #4

Verbindlichkeit schaffen

Kommunizieren Sie Ihre Ziele. Das schafft Verbindlichkeit. Verbindlichkeit hilft, Aufgaben umgehend und besser zu erledigen. Kommunizieren Sie auch Ihre Befürchtungen, wenn das Unangenehme nicht nur mühsam, sondern auch emotional herausfordernd ist. Wenn Sie Ihre Befürchtungen teilen und darüber sprechen, sitzen Sie am Steuer und nicht Ihre Ängste. Wenn Sie das Unangenehme erledigt und die emotionale Herausforderung gewagt haben, können Sie mit Ihren Anvertrauten dann auch wunderbar Ihren Erfolg feiern. Weil Ihre Freunde wissen, wie viel Überwindung es Sie gekostet hat.

Tipp #5

Überwindung zur alltäglichen Routine machen

Man kann es zur täglichen Routine machen, Unangenehmes rasch und mit positiver Einstellung anzupacken. Durch die Routine verliert das Unangenehme an Bedeutung und es gehört einfach zum Alltag. Damit verweist man das Unangenehme auf den Platz, den es verdient, nämlich auf die hinteren Ränge der eigenen Aufmerksamkeit. Ideal für ein solches Training ist zum Beispiel ein 100-Tage-Projekt. Man sucht sich ein Thema, das einen viel Überwindung kostet oder wovor man sich fürchtet und tritt mit verschiedenen Aufgaben 100 Tage lang gegen diese Angst an. Mit jedem Tag und jedem Erfolg wächst das Selbstbewusstsein. Im Internet finden Sie etliche Beispiele von 100-Tage-Projekten. Beispielsweise Jia Jiang: What I learned from 100 days of rejection. Über seine Erfahrungen hält er eine beeindruckende Ted-Rede.

Von den entscheidenden fünf Sekunden, der Power Pose und selbständigen Weckern

Mel Robbins ist berühmt geworden mit ihrer Five Second Rule: Wenn Sie eine Idee haben oder etwas tun sollen, folgen Sie diesem Impuls innert fünf Sekunden. Zählen Sie runter: 5..., 4..., 3..., 2..., 1... los! Ansonsten wächst Ihr Widerstand und Sie denken «ach, was solls». Denn unser Hirn will uns von allem Neuen abhalten; es könnte ja tödlich sein ... Sie finden Mel Robbins auf melrobbins.com: How to stop screwing yourself und ihren Buchtitel im Verzeichnis.

Power Pose nennt Amy Cuddy jene Körperhaltung, die wir einnehmen, wenn wir uns dominant fühlen und siegessicher sind. Cuddy konnte nachweisen, dass powerposing den Kortisolspiegel (Stresshormon) senkt. Übrigens wirken Sie danach selbstsicherer, intelligenter und kreativer. Stellen Sie sich breitbeinig hin und reissen Sie wie nach einem Sieg die Arme in die Höhe. Sie trauen sich.

Besondere Spielarten der Motivation sind auch Negativanreize. Wer zum Beispiel Mühe mit Aufstehen bekundet und wem auch die Five Second Rule von Mel Robbins nicht hilft, kann auf Clocky oder Snuzluz zählen.

Clocky bringt Sie garantiert aus dem Bett, denn mit dem Alarm beginnt der Wecker zu rollen und ist dabei fähig, vom Nachttisch zu springen, Schwellen zu überwinden und dabei niemals mit schrillem Läuten aufzuhören. Gauri Nanda erfand den quirligen Wecker, als sie am Massachusetts Institute of Technology (MIT) studierte und regelmässig Vorlesungen verschlief. Wer den Prototypen sehen will – ein mit Kunstfell gepolstertes Ungetüm – geht auf clocky.com.

Eine ebenfalls perfide Erfindung ist Snuznluz. Er setzt eine Negativbelohnung aus, also eine Bestrafung. Drücken Sie bei diesem Wecker den «Snooze»-Knopf, stellt dieser per WLAN eine Verbindung zu Ihrem Konto her und spendet an eine von Ihnen festgelegte, möglichst verhasste Organisation. Als Vegetarier wählen Sie den Metzgerverband, als Verfechter alternativer Energien spenden Sie der Atomlobby; Ihrer Bestrafung sind keine Grenzen gesetzt. Im Display werden in roter Schrift die Kosten des aktuellen Verschlafens angezeigt, während darunter in beruhigendem Blau die bisherigen Gesamtkosten leuchten. Entwickelt wurde der Wecker von GeekLabs, dem Labor der Forscher bei ThinkGeek.

Unangenehmes vermeiden
Werkzeug

Mit diesem Werkzeug können Sie lernen, Dinge nicht mehr aufzuschieben, sondern gleich zu erledigen. In einer ersten Phase wollen Sie sich genau beobachten und erkennen, welche Dinge Sie jeweils aufschieben und warum. Manchmal sind auch unwichtige Tätigkeiten ein Hinweis darauf, dass man eigentlich etwas Wichtiges tun sollte, das man aber aufschiebt, weil es unangenehm ist. In einer zweiten Phase stellen Sie sich dem Unangenehmen und lernen es sofort anzupacken.

Beobachten Sie sich zehn Tage lang und notieren Sie:

» Welche Dinge schieben Sie typischerweise auf?
» Welche Dinge tun Sie typischerweise, wenn Sie Unangenehmes aufschieben?
» Welches sind Ihre typischen Ausreden, wenn Sie etwas nicht tun?

Was schiebe ich auf?	Welche unwichtigen Dinge tue ich stattdessen?	Was ist meine Ausrede?

Legen Sie nun fest:

» Welche Dinge schieben Sie ab sofort nicht mehr auf?

» Was ist Ihr Ziel? Was gewinnen Sie?

» Wann, wo und wie erledigen Sie die Aufgabe?

» Was können Sie bei der unangenehmen Tätigkeit lernen?

» Wem erzählen Sie davon, um sich zu verpflichten?

» Wie belohnen Sie sich, wenn Sie diese Dinge sofort erledigt haben?

Welche Dinge tue ich sofort?	Warum will ich das tun? Was gewinne ich?	Wann, wo und wie erledige ich die Aufgabe?	Was kann ich dabei lernen?	Wem erzähle ich davon?	Wie belohne ich mich dafür?

Überforderung & sozialer Stress

Hatten Sie schon einmal einen «Blackout» und konnten nicht mehr sagen, was fünf mal sieben gibt? Menschen mit grosser Prüfungsangst kennen diese Situation. Man muss keine ausgeprägte Prüfungsangst haben, um ähnliche Situationen erlebt zu haben. Standen Sie schon mal so sehr unter Druck, dass Sie nicht mehr wussten, was tun, in der Eile eine Entscheidung trafen und dann einfach hofften, es komme gut? Oder war der Stress schon mal so hoch, dass Sie wahnsinnig beschäftigt waren aber eigentlich gar nichts mehr erledigt kriegten?

Überforderung, also das Gefühl, einer Situation ausgeliefert zu sein und keine Kontrolle zu haben, ist ein grosser Stressfaktor. Ebenso wirkt sozialer Stress. Sozialer Stress steht für die Angst, von anderen sozial verurteilt zu werden. Sich zu blamieren, ausgelacht zu werden oder ungenügend und abgeschrieben zu sein. Die körperlichen Symptome des sozialen Stresses kann man messen, wie verschiedene Verhaltensexperimente zeigten. Sally Dickerson und Margaret Kemeny liessen Probanden ein Bewerbungsgespräch durchführen, wobei der Befrager auf ihren Schwächen herumhackte, die Glaubwürdigkeit ihrer Ausführungen anzweifelte und zu alledem ein Pokerface machte. Die Forscherinnen konnten bei den Probanden einen deutlichen Anstieg der sogenannten Stresshormone, insbesondere des Kortisols, messen. Sowohl das Gefühl der Überforderung wie auch sozialer Stress machen im höchsten Grade ineffizient.

Was in Verhaltensexperimenten gemessen werden kann, ist für Sie intuitiv wahrnehmbar.

Sie können nicht zur Höchstform auflaufen, wenn Sie fürchten, sich zu blamieren oder wenn Ihnen einfach alles über den Kopf wächst. Wenn Sie unter Stress stehen, sind Sie weniger entscheidungsfreudig, unsicher, gereizt und ineffizient. Leistungsorientierte Menschen tun sich oft schwer damit, dies einzugestehen. Denn es gilt in ihren Augen als Schwäche, wenn man das grosse Aufgabenportfolio nicht mehr bewältigen kann und den hohen Anforderungen nicht mehr gerecht wird. Tendenziell verfallen Menschen in Überforderungssituationen oder sozial stressigen Momenten in den Reaktionsmodus und strampeln sich noch mehr ab. Wichtig ist jedoch genau dann, selber das Steuer in die Hand zu nehmen, um wieder zur Ruhe zu kommen.

Knutschen hilft gegen Stress

Neurologieprofessorin Wendy Hill am Lafayette College in Chigago führte 2009 ein motivierendes Kuss-Experiment durch: Bei Probanden – alles Paare aus College-Studenten – sollte der Einfluss von Küssen auf den Stress gemessen werden. Zuerst wurde ermittelt, wie hoch der Gehalt des «Stresshormons» Kortisol und jener des «Kuschelhormons» Oxytocin bei den Probanden war. Oxytocin wird bei zärtlichen Berührungen, beim Küssen und Beischlafen ausgeschüttet. Ein Teil der Gruppe durfte anschliessend fünfzehn Minuten lang knutschen. Die übrigen Paare wurden aufgefordert, in dieser Zeit lediglich Händchen zu halten und sich auf einem Sofa aneinander zu schmiegen – ihnen war Küssen verboten. Anschliessend wurde abermals der Gehalt der zwei Hormone ermittelt. Der Kortisolspiegel war bei allen Probanden nach der Viertelstunde Knutscherei gefallen, wobei bei den Küssenden einiges ausgeprägter. Der Oxytocinlevel überraschte die Forscherin. Bei Männern war er gestiegen, bei Frauen allerdings gesunken. Sie vermutet, dass die eher unromantische Laborumgebung einen Einfluss haben könnte. Dennoch die Quintessenz: Küssen senkt das Kortisol und wirkt stressreduzierend. Also, worauf warten Sie?

Überforderung & sozialer Stress
Tipps

Tipp #1
Die eigenen Ansprüche und Grenzen kennen

Das Stressempfinden ist subjektiv. Die kognitive Stressbewältigung zielt darauf ab, Stress verstärkende Einstellungen und Gedanken einerseits zu erkennen und andererseits zu relativieren. Welche Situationen erleben Sie als stressig und warum? Überdenken Sie Ihre eigenen Vorstellungen und Erwartungen. Hohe Erwartungen können motivieren, übertriebene hingegen blockieren. Der Grat ist schmal und es lohnt sich, die eigenen Leistungsgrenzen zu kennen. Erfahrungsgemäss ist der Druck, den man sich selber macht, grösser als die Erwartungen von aussen.

Tipp #2
Auf Stärken setzen und an Erfolge anknüpfen

Orientieren Sie sich an Ihren Stärken. Worin sind Sie gut? Auf welchen Stärken und Erfahrungen können Sie aufbauen? Welche Tätigkeiten helfen Ihnen, eine Herausforderung zu meistern? Erinnern Sie sich an vergangene Herausforderungen. Was haben Sie damals gut gemacht? War es Ihre Umsetzungsstärke, Ihr Motivationstalent, Ihre Kreativität, Ihre Fachkenntnis? Erinnern Sie sich bei neuen Herausforderungen an Ihre Stärken und überlegen Sie sich, wie Sie diese wieder einsetzen und ausbauen können. Analysieren Sie zudem die Rahmenbedingungen. War die Planung realistisch aufgesetzt? Konnten Sie fokussieren, hatten Sie ein motiviertes Team oder einen passenden Sparring-Partner? Was war es, das die idealen Voraussetzungen für Ihren Erfolg schuf? Wie können Sie ähnliche Rahmenbedingungen schaffen, die Ihnen bereits früher zum Erfolg verholfen haben?

Tipp #3
Situation verbessern

Was macht die Situation stressig? Ist es Zeitdruck? Sind es zu viele Aufgaben? Setzen Sie sich selber mit unrealistischen Erwartungen unter Druck? Welche Faktoren könnten helfen, die Situation zu entschärfen und den Stress zu mindern? Welche Bedingungen benötigen Sie, damit Sie leistungsfähig sind? Wer könnte Sie dabei unterstützen?

Tipp #4
Wertschätzung

Wertschätzen Sie Ihre Anstrengung und seien Sie lieb zu sich. Das klingt merkwürdig. Doch achten Sie auf Ihren inneren Dialog. Reden Sie harsch und fordernd mit sich selbst, oder lieb und verständnisvoll wie mit einem guten Freund? Hand aufs Herz – oft gehen wir mit uns selbst so hart ins Gericht, wie wir es niemals mit anderen tun würden. Darum: Zeigen Sie Verständnis für sich selbst, auch wenn Sie Fehler machen. Motivieren Sie sich, indem Sie darauf fokussieren, was Sie lernen können. Verständnis für die eigenen Hochs und Tiefs erhöht die Toleranz gegenüber stressigen Situationen.

Tipp #5
Transparenz schaffen

Sie sind nicht alleine. Gerade in Drucksituationen tendieren wir dazu, uns zurückzuziehen und uns abzukapseln. Oft wollen wir uns selbst – geschweige denn anderen – nicht eingestehen, dass wir Mühe bekunden, Schwierigkeiten haben und von Versagensängsten geplagt sind. Doch genau in stressigen Situationen ist es umso wichtiger, dass Sie Ihr Netzwerk nutzen. Erst wenn Sie Transparenz schaffen, öffnen Sie den Raum für Verständnis und für Unterstützung. Indem Sie andere um ihre Sicht und ihren Rat fragen, kriegen Sie neue Lösungsansätze, die Sie unter Druck gar nicht erkennen konnten. Seien Sie stark und kommunizieren Sie Ihre Wahrnehmung. Die eigenen Grenzen zu erkennen und darüber zu sprechen, hilft den subjektiv wahrgenommenen Druck zu lindern. Zudem schaffen Sie die Voraussetzungen, die Situation gegebenenfalls auch real zu entlasten. Sobald übrigens der subjektiv wahrgenommene Druck abnimmt, erhöht sich automatisch Ihre Leistungsfähigkeit, weil blockierte Energie frei gesetzt wird. Dadurch verschieben sich die Grenzen. Denn die gibt es nur im Kopf.

Überforderung & sozialer Stress

Werkzeug

Mit diesem Werkzeug machen Sie eine Auslegeordnung über Ihr Befinden in verschiedenen Lebensbereichen und identifizieren Stressfaktoren. Sie definieren gezielte Massnahmen, um Ihr Wohlbefinden zu steigern.

Überlegen Sie sich für jeden Bereich, wie Sie sich fühlen und legen Sie jeweils einen Wert auf der Skala von 1 (miserabel) bis 10 (hervorragend) fest. Notieren Sie anschliessend, was Sie in diesem Bereich erreichen möchten und formulieren Sie ein positives Ziel.

Definieren Sie nun für die drei Bereiche mit der niedrigsten Punktzahl Massnahmen, wie Sie Ihre Situation verbessern und Ihr Ziel erreichen könnten.

Stressfaktoren beseitigen:

» Was stresst Sie?
» Wie können Sie die Situation anders wahrnehmen, damit Sie diese als weniger stressig wahrnehmen?
» Wie können Sie die Situation anders gestalten, damit sie weniger stressig ist?
» Was möchten Sie nicht mehr tun?
» Wie sagen Sie Nein?

Verbesserungen erzielen

» Was tut Ihnen gut?
» Was möchten Sie deshalb vermehrt tun?
» Wie oft und wann tun Sie das?
» Mit wem?
» Welche Rahmenbedingungen benötigen Sie, um sich wohlzufühlen und eine gute Leistung erbringen zu können?
» Wie können Sie diese Bedingungen schaffen?
» Wer unterstützt Sie dabei?

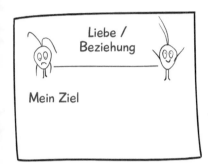

Liebe / Beziehung

Mein Ziel

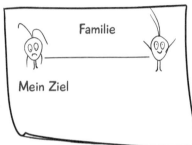

Familie

Mein Ziel

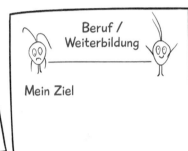

Beruf / Weiterbildung

Mein Ziel

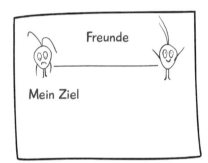

Freunde

Mein Ziel

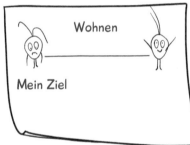

Wohnen

Mein Ziel

Hobby

Mein Ziel

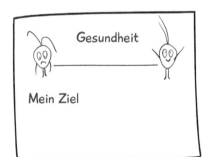

Gesundheit

Mein Ziel

Kultur / Spiritualität

Mein Ziel

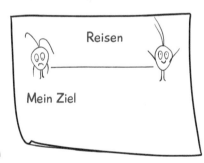

Reisen

Mein Ziel

Kapitel #4

Vision leben

Sie haben die Erfolgsfaktoren verinnerlicht und mögliche Stolpersteine identifiziert. Sie leben Ihre Vision. Sie fühlen sich erfüllt. Damit das so bleibt, beleuchten wir zum Abschluss einige Methoden, dank derer Sie auch in anstrengenden Phasen Ihre Energie behalten. Bleiben Sie effektiv.

Engagierte Gelassenheit

Was im ersten Moment wie ein Paradox anmutet, ist in Wahrheit der Schlüssel zur Effektivität. Nur wenn Sie die nötige Gelassenheit haben, um überlegt und gezielt zu handeln, können Sie effektiv sein. Wenn Sie sich hingegen nur von Ihren spontanen Impulsen leiten lassen, sind Sie zwar aktiv – aber sind Sie auch effektiv?

Gelassenheit setzt voraus, dass Sie erkennen, was Sie beeinflussen können und auf welche Dinge Sie keinen Einfluss haben. Steven R. Covey hat dafür die Metapher des «circle of influence» geschaffen: Es gibt Dinge, die man beeinflussen kann, die liegen im circle of influence. Solche, die ausserhalb des eigenen

Wirkungskreises sind, einen aber trotzdem beschäftigen oder beeinflussen, bilden den «circle of concern». Wenn Sie sich um etwas Sorgen machen, das ausserhalb Ihres Wirkungskreises liegt, verlieren Sie Energie. Ärgern Sie sich über Dinge, auf die Sie keinen Einfluss haben, binden Sie unnötig negative Energie. Dieselbe Energie fehlt Ihnen dann für Dinge, die Sie sehr wohl beeinflussen oder gar steuern könnten.

Doch wie gelassen bleiben in hektischen Momenten? Wie ruhig bleiben mit Menschen, die Ihnen auf die Nerven gehen? Wie überlegt handeln in Situationen, in denen Sie unter Druck sind? Gelassenheit ist die Fähigkeit, Ereignisse zu relativieren und in einen grösseren Kontext zu stellen. Setzen Sie einen Misserfolg in Bezug zu Ihrer Vision. Oftmals macht der aktuelle Ärger das Ereignis grösser als es auf lange Sicht hin ist. Sobald Sie das Ereignis in einen grösseren Zusammenhang stellen, können Sie zudem erkennen, was das Gute oder der Lerneffekt daran ist.

Wichtig ist nun, dass Sie einerseits Ihre Fähigkeit, Dinge zu beeinflussen, ausweiten, während Sie andererseits keine Energie auf Dinge verwenden, die Sie nicht beeinflussen können. Wenn Sie in einer unbefriedigenden Situation sind, stellen Sie sich stets die Frage: «Wie kann ich die Situation verbessern? Was kann ich aktiv gestalten?» Engagieren Sie sich gezielt. Oftmals unterschätzen wir unseren Einfluss. Nehmen Sie nicht den Opfermodus ein, sondern agieren Sie als Gestalter.

Engagierte Gelassenheit hilft Ihnen, Ihre Vision zu leben. Denn auf dem Weg dahin werden Sie immer wieder Hindernisse überwinden und Misserfolge einstecken müssen. Da hilft es, jeweils die nötige Distanz zu haben und ruhig zu bleiben. Sie können die Situation erfassen, analysieren und dann entscheiden, wie Sie handeln wollen. Sie lassen Ihre Gefühle nicht Überhand kriegen, sondern agieren im Einklang mit Ihren Gefühlen, Gedanken und Werten. Engagierte Gelassenheit bedeutet, effektiv zu sein.

Why worry? Oder: Lass nie eine Party ausfallen!

Die wohl schönste und kürzeste Erläuterung darüber, dass man sich nicht unnötige Sorgen machen soll, liefert der hinduistische Mönch Gaur Gopal Prabhu. Er braucht dazu nur eine Folie. Wenn man diese Folie befolgt – so sein Versprechen – verändert sie Ihr Leben. Gaur Gopal Prabhu: Then why worry? Oder seine ganze Rede: We Have To Face Our Fears! auf youtube.com

Die eindrücklichste Rede zur engagierten Gelassenheit ist jene von Sam Berns, der an frühzeitiger Ergreisung (Progerie) litt und bereits im Alter von 18 Jahren starb. Berns sagte sinngemäss übersetzt:

1. Finde dich ab mit Dingen, die du bei bestem Willen und allem Können nicht tun kannst, denn es gibt so viel, das du tun kannst.
2. Umgib dich mit Leuten, die du magst.
3. Entwickle dich ständig weiter.
4. Lasse nie eine Party ausfallen.

Das Original ist ein Muss. Halten Sie den Atem an, während er spricht. Sam Berns: My philosophy for a happy life auf Ted.com.

Engagierte Gelassenheit
Tipps

Tipp #1
Auf zehn zählen

Unter Druck, in Stresssituationen oder in Konfrontationen hat man die Tendenz, sofort auf den ersten Impuls zu reagieren. Um überlegt zu handeln, ist es wichtig, diesem ersten Impuls nicht nachzugeben, sondern einen Abstand zwischen Ereignis und Handeln zu schaffen. Es geht darum, genügend Zeit zu gewinnen, um die beste Reaktion zu wählen. Dies ist oft nur eine Frage von wenigen Sekunden. Zählen Sie innerlich auf zehn, bevor Sie auf eine brisante Situation reagieren. Manchmal hilft auch die Frage: «Ist es so wichtig, dass ich es in zehn Jahren meinen Grosskindern erzählen werde?» Wenn Sie keine Grosskinder haben, fragen Sie sich: «Will ich das in meinen Memoiren erwähnen?»

Tipp #2
Beobachten Sie Ihre Gefühle

Von der minütigen Atemübung über die stündige Meditation – es geht immer darum, möglichst im Moment präsent zu sein, statt sich in Erinnerungen oder Zukunftsszenarien zu verlieren. Es geht darum, einen Teil der Aufmerksamkeit stets im Körper zu haben. Diese Verbindung hilft Ihnen, sich Ihres momentanen Zustands bewusst zu werden. Wenn Sie sich ärgern, sich Sorgen machen oder nervös sind, dann spüren Sie in Ihren Körper hinein und versuchen Sie, Ihre Wahrnehmung zu beschreiben. Ohne zu bewerten. Nur beobachten. Schnürt es Ihnen den Hals zu? Haben Sie einen Klumpen im Magen? Einen Stein auf dem Herzen? Schmetterlinge im Bauch? Unsere Sprache ist reich an Ausdrücken für die körperliche Wahrnehmung. Geben Sie dieser mehr Raum. Wenn Sie ein Gefühl beschreiben, ohne es zu bewerten, nehmen Sie dem Gefühl die Wucht. Wenn Sie Angst verspüren, beobachten Sie das Gefühl im Körper: Wo spüren Sie die Angst? Wie fühlt sich die Angst an? Atmen Sie tief und regelmässig in den Bauch. Das hilft Ihnen, ruhig zu werden. So sind Sie in der Lage zu erkennen, was Sie brauchen und können die richtige Massnahme ergreifen.

Tipp #3
Positiver Fokus

Mit Ihren Gedanken setzen Sie einen Fokus. Dieser Fokus beeinflusst Ihre Handlungen. Wenn Sie sich sagen, dass Sie scheitern, erhöhen Sie tatsächlich die Wahrscheinlichkeit des Scheiterns. Diesen Mechanismus der selbsterfüllenden Prophezeiung kann man auch positiv für sich selber einsetzen. Also sagen Sie sich, dass Sie die Herausforderung meistern. Fokussieren Sie aufs Gute in Ihrem Alltag, nicht aufs Negative. Wenn Sie eine schwierige Situation antreffen, suchen Sie nicht nach Schuldigen. Suchen Sie nach Lösungen. Denn worauf wir uns fokussieren, das nehmen wir vermehrt wahr. Ihre positive Einstellung prägt nicht nur Ihr Denken, sondern auch Ihre Wahrnehmung und damit auch Ihre Gefühle und letztlich Ihr Handeln. Liegt Ihrem Handeln ein positiver Wille zu Grunde, ist die Wahrscheinlichkeit wiederum grösser, dass Sie eine positive Wirkung erzielen.

Tipp #4
Erholung

Unausgeschlafen und hungrig sein sind die besten Voraussetzungen, die Fassung zu verlieren. «Bist du genervt?» ... «NEIN!!!» Ihre körperliche Verfassung hat – wie auch Ihre mentale Einstellung – einen Einfluss auf Ihre Gelassenheit. Genügend Schlaf und ausreichende Erholungsphasen sind Grundlage Ihrer Gelassenheit. Ausgeruht sind Sie ruhiger und gelassener. Planen Sie also nicht nur Ihre Ferien, sondern auch Erholungsphasen in Ihre Woche und genügend Pausen in Ihren Alltag ein.

Tipp #5
Energie tanken

Welche Tätigkeiten geben Ihnen Energie? Welche kosten Sie Energie? Welche Menschen wirken auf Sie motivierend und welche ziehen Ihnen Energie ab? Seien Sie kritisch mit sich und Ihrem Umfeld, um diese Fragen zu beantworten. Manchmal tun wir aus Gewohnheit Dinge, die uns viel Energie rauben oder fühlen uns Menschen gegenüber verpflichtet, weil es eine langjährige Bekannt- oder Freundschaft ist. Achten Sie darauf, dass Sie jeden Tag Dinge tun, die Sie mit positiver Energie füllen und pflegen Sie den Umgang mit Menschen, die Ihnen gut tun und Sie inspirieren. Tun Sie auch öfters mal etwas, das Sie noch nie getan haben, um frischen Wind in Ihren Alltag zu bringen und auf neue Ideen zu kommen.

Den Abfall ausatmen und Body Scan

Es gibt einen Zusammenhang zwischen den Emotionen, dem vegetativen Nervensystem und dem Herzen. Vereinfacht gesagt gerät das Herz bei Emotionen wie Wut, Ärger, Angst oder Frust etwas aus dem Rhythmus. Emotionen wie Liebe, Wertschätzung, Dankbarkeit oder Wohlgefühl führen zur Synchronisierung der Rhythmen von Herzschlag, Atmung und Blutdruck, zur sogenannten Herzkohärenz. Deshalb ist der Atem so wichtig, denn darüber können wir unsere Aufmerksamkeit nach innen richten und in Einklang kommen. Zwei Methoden für einen harmonischen Herzrhythmus:

Abfall ausatmen: Alle Meditationstechniken arbeiten über den Atem. Richten Sie Ihre Aufmerksamkeit nach innen. Beobachten Sie Ihren Atem. Wie die Luft in Ihren Körper einströmt und wieder ausfliesst. Atmen Sie ruhig. Machen Sie nach dem Ausatmen eine kurze Pause, bevor Sie weiter atmen. Stellen Sie sich vor, Sie atmen direkt durch Ihr Herz. Stellen Sie sich vor, dass die frische Luft Ihr Herz reinigt und Sie allen Abfall ausatmen. Sie können das Gefühl der Wärme in der Herzgegend intensivieren, in dem Sie sich ein inneres Bild von Liebe und Dankbarkeit schaffen.

Body Scan: Bei dieser Entspannungstechnik scannen Sie Ihren Körper. Legen Sie sich auf den Rücken und wandern Sie im Geiste durch jeden Körperteil, ohne diesen zu bewegen. Dadurch üben Sie nicht nur Ihre Achtsamkeit gegenüber Ihrem Körper. Sie werden sich auch Spannungen im Körper bewusst und können diese durch tiefgehende Entspannung lindern oder gar auflösen. Es gibt viele angeleitete Body Scans – stöbern Sie im Internet, bis Sie eine Version mit einer Stimme finden, die Ihnen zusagt. Empfehlen kann ich Claudia Eva Reinig: Yoga Nidra Tiefenentspannung. Ich bin gespannt, ob Sie den Body Scan machen können, ohne einzuschlafen. Wobei: Schlafen ist erlaubt, aber nicht erwünscht.

Engagierte Gelassenheit
Werkzeug

Machen Sie sich Ihre Stimmung bewusst. Notieren Sie, warum Sie sich heute gut oder eben nicht so gut fühlen. Wenn Sie das eine gewisse Zeit lang tun, werden Sie Muster entdecken. Es sind vielleicht Tätigkeiten, Begegnungen oder Angewohnheiten, die Ihnen nicht gut tun. Entsprechend finden Sie die Dinge, die auf Ihre gute Stimmung einzahlen.

Achten Sie sich tagsüber, was Ihnen positive Energie gibt und was Sie Energie kostet. Machen Sie mehr von den Dingen, die Ihnen gut tun. Finden Sie Möglichkeiten, energieraubende Tätigkeiten entweder zu vermeiden oder den Energieverlust zu verringern.

Wie fühle ich mich heute?

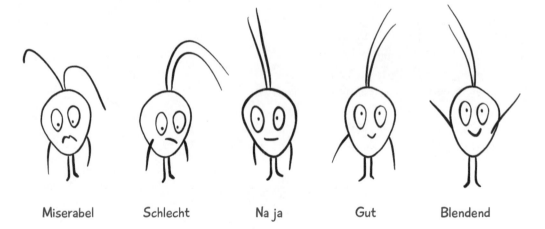

| Miserabel | Schlecht | Na ja | Gut | Blendend |

Was tue ich heute für meine positive Energie?

Warum fühle ich mich so?

Was kostet mich Energie?

Kann ich es vermeiden? Was kann ich tun, damit es mir leichter fällt? Wie kann ich die Situation zur Lernchance machen?

Gutes tun

Was oder wem tue ich heute Gutes?

Inspiration

«Think out of the box.» Wer kennt nicht diese Aufforderung, wenn es darum geht, neue Lösungsansätze zu finden? Doch Hand aufs Herz: Wie kreativ sind Sie? Beschleicht Sie manchmal das Gefühl, dass Sie die Dinge stets gleich angehen? Sind Sie manchmal in Sorge, dass Sie keine neuen Lösungsansätze mehr finden? Dass Sie sich wiederholen?

Wie ausserhalb der Schachtel denken? Woher neue Ideen nehmen? Wo Inspiration finden? Inspiration bedeutet Beseelen, Einhauchen und steht für eine Eingebung oder einen kreativen Einfall. Doch wer haucht uns die Idee ein? Die amerikanische Schriftstellerin Elizabeth Gilbert (eat, pray, love) fragt sich schmunzelnd, ob jeder einen göttlichen Assistenten, einen Genius zur Seite gestellt kriegt. Wer Glück hat, dem haucht der göttliche Assistent den Einfall ein. Vielleicht verpennt er aber auch seinen Einsatz. Elizabeth Gilberts amüsante Rede finden Sie auf TED.com.

Unabhängig davon, ob uns der göttliche Assistent beseelt oder die Kreativität bereits in uns wohnt: Inspiration braucht Raum und Zeit. Wer sich abstrampelt im Hamsterrad und stets den To-Do-Listen hinterherrennt, ist nicht offen für neue Ansätze und Eingebungen. Darum: Geben Sie Ihrem göttlichen Assistenten Zeit, Sie zu küssen. Wenn er pennt, dann provozieren Sie ihn.

Suchen Sie bewusst immer wieder neue Begegnungen und tun Sie Dinge, die Sie sonst nicht tun. Der Zufall braucht Möglichkeiten, Sie zu treffen. Besuchen Sie andere Veranstaltungen als sonst und sprechen Sie gezielt neue Leute an. Beginnen Sie im Training ein Gespräch mit der Person auf dem Laufband neben Ihnen oder zetteln Sie im Tram eine Diskussion an. Seien Sie mutig, neue Menschen kennenzulernen.

Machen Sie einmal in der Woche etwas Spontan-Verrücktes. Starten Sie ein elektronisches Kartenprogramm mit der Eingabe ihres Wohnortes. Schliessen Sie die Augen und legen Sie den Finger auf den Bildschirm. Dort, wo der Finger liegt, gehen Sie hin und machen ein Foto. Oder nehmen Sie einen Würfel und die Zahl bestimmt die Anzahl fremder Personen, denen Sie auf dem Heimweg ein Kompliment machen. Schlagen Sie ein Kochbuch auf einer zufälligen Seite auf. Zu diesem Gericht laden Sie am kommenden Wochenende Freunde ein. Wie viele? Würfeln Sie!

Inspiration

Tipps

Fremde Gebiete

Reisen Sie. Besuchen Sie andere Gedanken-länder. Hören Sie Vorträge, die nicht Ihr Fachgebiet betreffen und lesen Sie Bücher, die nicht Ihr Wissensgebiet sind. Lernen Sie dadurch andere Themen und Sichtweisen kennen, die Sie auf eine neue Idee für Ihre Herausforderungen bringen können. Besuchen Sie Unternehmen, die nicht in Ihrer Branche tätig sind und entdecken Sie neue Herangehensweisen.

Tipp #1

Inspirationsorte

Welche Tätigkeiten, welche Umgebung und welche Menschen inspirieren Sie? Wo finden Sie Inspiration? Auf dem Spaziergang? Im Kaffeehaus? In der Natur? In der Grossstadt? Beim ungestörten Arbeiten? Suchen Sie bewusst nach solchen Tätigkeiten und Orten. Treffen Sie Menschen, die Sie inspirieren.

Tipp #3

Inspirationsfenster

Nehmen Sie Auszeiten. Bill Gates war bekannt dafür, dass er zweimal jährlich eine «think week» nahm. An diesen Wochen durften weder Familie, Freunde noch Microsoft-Mitarbeiter teilhaben. Ein radikaler Ansatz lebt übrigens der Designer Stefan Sagmeister – er schliesst alle sieben Jahre seine Agentur in New York für ein Jahr. Seine Erfahrungen teilt er auf TED. com mit. Egal ob für Sie Auszeiten von Wochen, Monaten oder gar Jahren besser funktionieren; wichtig ist, dass Sie sich immer wieder bewusst aus dem Alltag lösen und der Inspiration Zeit und Raum geben. Reservieren Sie sich Zeitfenster für Inspiration. Sie wissen, welche Orte oder welche Tätigkeiten inspirierend auf Sie wirken. Planen Sie bewusst regelmässig Zeit dafür ein. Verbieten Sie sich, während dieser Zeitfenster irgendwelche Pendenzen abzuarbeiten. Sondern suchen Sie den göttlichen Assistenten zum Küssen.

Tipp #4
Produzieren statt konsumieren

Sammeln Sie Erlebnisse. Fragen Sie sich immer: «Wie kann ich es selber tun statt zu konsumieren?» Drehen Sie beispielsweise einen Film mit dem Handy, statt den Abend vor dem TV zu verbringen. Kaufen Sie Stifte, ein Heft, Farben und beginnen Sie. Machen Sie künftig Zeichnungen statt Notizen. Üben Sie verschiedene Schriftarten. Oder ist eher Fotografieren etwas für Sie? Was haben Sie als junger Mensch gemacht? Können Sie das wieder tun? Wann haben Sie zum letzten Mal einen Drachen gebastelt und in die Luft steigen lassen? Experimentieren Sie und finden Sie Ihre Kreativität wieder. Das macht Spass und Sie können sich dadurch nicht nur besser Dinge merken, sondern auch mehr. Und Sie kommen auf neue Ideen. Glauben Sie mir.

Tipp #5
Dran bleiben

Bleiben Sie dran und machen Sie Ihren Teil der Arbeit so gut wie möglich. Vielleicht haben Sie einfach Pech und der dumme göttliche Assistent hält seinen Teil der Abmachung nicht ein und küsst Sie nicht mit Kreativität. In diesem Falle rät Elizabeth Gilbert: Geben Sie trotzdem Ihr Bestes.

Inspiration
Werkzeug

Wann haben Sie zum letzten Mal etwas zum ersten Mal gemacht? Tun Sie immer wieder neue Dinge. Das lockt Sie aus den gewohnten Bahnen und regt Ihre Kreativität an. Das Werkzeug liefert Ihnen einige Ideen. Beginnen Sie und erstellen Sie eine eigene Liste mit jenen Dingen, die Sie inspirieren. Schaffen Sie sich regelmässig Zeitfenster, während derer Sie Ihre Liste leben.

» Drehen Sie eine neue Folge Ihrer Lieblingsserie mit Ihren Nachbarn. Falls Sie keine Lieblingsserie haben, fragen Sie Ihre Nachbarn nach deren Lieblingsserie. Falls Sie keine Nachbarn haben, verfilmen Sie Robinson Crusoe.

» Zeichnen Sie den Gegenstand, der neben der Lampe auf Ihrem Nachttisch liegt.

» Stellen Sie die Einrichtung um.

» Kochen Sie einen Tintenfisch für Ihre Familie oder Ihre Freunde.

» Fragen Sie im Fundbüro nach verlorenen Ideen.

» Fahren Sie an den nächsten See – oder besser ans Meer – und zählen Sie die Wellen.

» Packen Sie einen Schlafsack ein und übernachten Sie draussen an Ihrem Lieblingsplatz. Falls Sie draussen keinen Lieblingsplatz haben, gehen Sie zur nächsten Aufgabe.

» Suchen Sie sich draussen einen Lieblingsplatz. Machen Sie ein Panoramafoto vom Ort aus, an dem Sie sitzen.

» Gehen Sie in eine Buchhandlung und fragen Sie den Buchhändler nach seinem Lieblingssachbuch. Lesen Sie es.

» Besteigen Sie einen Berg. Setzen Sie sich hin und meditieren Sie.

» Setzen Sie sich auf einen belebten Platz. Stellen Sie ein Schild auf «Ich erzähle Kurzgeschichten – gratis».

» Hören Sie sich einen Ted-Talk an.

» Fragen Sie einen Fischer, was für ihn inspirierend ist.

» Gehen Sie im Regen spazieren.

Meine Spontanverrücktheiten

Dankbarkeit

Wer sich regelmässig in Dankbarkeit übt, ist ruhiger, fühlt sich und denkt positiver und ist glücklicher. Selbst in der Behandlung gegen Depression ist gemäss Psychologen die Dankbarkeit ein wirksames Mittel. Dankbarkeit funktioniert also.

Ich meine nicht Dankbarsein im Sinne absurder Selbstoptimierung, sondern im Sinne von Demut. Das Bewusstsein, Teil von etwas Grösserem zu sein, macht demütig. All die schönen Dinge, die wir so rasch für selbstverständlich halten, wollen wir als wunderbare Geschenke würdigen und dankbar dafür sein.

Die Erkenntnisse der Dankbarkeitstheorie trug der Unternehmer Vishen Lakhiani in seine Firma mindvalley und entwickelte verschiedene Instrumente. Er schuf beispielsweise eine Website «gratitudelog», auf der alle Mitarbeitenden, Partner und Lieferanten schreiben konnten, wofür sie dankbar waren. Lakhianis legendäre Rede «happiness is the new productivity» finden Sie auf seiner Firmenhomepage mindvalley.com.

Bedanken Sie sich für Ihr Glück? Machen Sie es sich bewusst, wenn Ihnen etwas ohne Ihr eigenes Zutun zuteil geworden ist? Wie oft halten Sie inne und würdigen das Erlebte? Wann und wie drücken Sie Ihre Dankbarkeit für kleine und grosse Momente aus, die Ihnen geschenkt worden sind?

Es gibt verschiedene Arten, Dankbarkeit zu leben. Sie können auf dem Spaziergang über die schönen Fügungen Ihres Lebens nachdenken, sich vor dem Einschlafen an die wunderbaren Erlebnisse erinnern oder ein Dankbarkeitstagebuch führen. Je regelmässiger und je bewusster Sie sich an Situationen erinnern, für die Sie dankbar sind, desto tiefer wird Ihr Gefühl der Dankbarkeit. Sie werden zudem aufmerksamer gegenüber Dankbarkeitsmomenten; nehmen also solche Situationen besser wahr. «Eyes wide open in gratitude» nennt Robert A. Emmons, Psychologieprofessor und Dankbarkeitsforscher, diese Haltung. Dankbare Menschen sind selber auch positiver im Handeln. Sie sind eher bereit, anderen zu helfen und gehen konstruktiver auf Situationen und Menschen zu.

Die Dankbarkeit ist eine Quelle positiver Energie. Dankbarkeit ist die Schwester der Demut und stärkt das Gefühl, Teil eines Grösseren zu sein. Bereits kleine Dinge bieten Grund zur Dankbarkeit – der Tramfahrer, der wartet, bis Sie zur Türe geeilt sind – das Kind, das Sie anlächelt – der zarte Regenbogen ... Man kann üben, solche Momente bewusster wahrzunehmen und tiefer in das Gefühl der Dankbarkeit einzutauchen. Dankbarkeit besiegt das Gefühl des Mangels. Dankbarkeit rückt die Fülle und schönen Dinge ins Zentrum Ihrer Wahrnehmung.

Dankbarkeitstagebuch

Es gibt verschiedene Anregungen für ein Dankbarkeitstagebuch und natürlich gibt's auch Apps. Wirkungsvoller ist es, wenn Sie selber von Hand aufschreiben, zeichnen oder fotografieren. Ein schönes Beispiel hierfür ist das Dankbarkeitsfotobuch von Hailey Bartholome. Sie suchte während einer schwierigen Zeit um Unterstützung bei einer Nonne. Diese motivierte Bartholome, jeden Tag aufzuschreiben, wofür sie dankbar sei. Die begeisterte Fotografin wählte ihr Medium zum Tagebuch und hält Dankbarkeit in Fotos fest. Einige Fotos und weitere Stories finden Sie auf 365grateful.com. Weitere inspirierende Ideen für die Gestaltung eines Tagebuchs finden Sie auf pinterest unter thegratitudelog.

Dankbarkeit
Tipps

Tipp #1
Dankbarkeitstagebuch

Eines der wirksamsten Instrumente für ein glückliches Leben ist ein Dankbarkeitstagebuch. Es geht darum, sich jeden Tag, oder zumindest regelmässig, Zeit zu nehmen, die Momente festzuhalten, für die Sie dankbar sind. Reflektieren Sie Ihren Tag: Wofür sind Sie dankbar? Versetzen Sie sich nochmals in die Situation und beschreiben Sie das Erlebnis so detailliert wie möglich. Tauchen Sie tief in das Gefühl der Dankbarkeit ein und verstärken Sie es. Wenn Sie ein Dankbarkeitstagebuch führen, kommt es mehr auf die Tiefe als auf die Menge an. Statt mit einem Satz zehn Dinge zu notieren, für die Sie dankbar sind, ist es wirksamer, sich auf ein bis drei Dinge zu konzentrieren, diese aber voll auszukosten. Bei der Dankbarkeit zählt die Qualität und Tiefe des Gefühls.

Tipp #2
Abwechslung

Bringen Sie Abwechslung in Ihr Tagebuch, damit Sie nicht «dankbarkeitsmüde» werden. Machen Sie eine Zeichnung, statt das Erlebte in Worte zu fassen. Arbeiten Sie mit Bildern oder machen Sie Fotos. Wichtig ist, dass Ihr tägliches oder regelmässiges Innehalten, um Dankbarkeit zu fühlen, ein Ritual wird. Die Form hingegen darf wechseln. Wer Ideen sucht: Robert A. Emmons erläutert 21 verschiedene Arten, Dankbarkeit zu üben in seinem Buch: Gratitude works. A 21-Day Program for Creating Emotional Prosperity.

Tipp #3
Sprache

Achten Sie auf Ihre Sprache. Ist Ihre Sprache von Zwang geprägt und ertappen Sie sich bei Formulierungen wie: «Ich muss ...», «Es ist ein Fluch ...», «So ein Übel ...»? Oder sind Sie offen und dankbar für die vielen schönen Fügungen, die Ihnen widerfahren? Nehmen Sie die wunderbaren Dinge wahr und würdigen Sie sie? Wie oft brauchen Sie Formulierungen wie «Es ist ein Geschenk, dich zu kennen» oder «Ich bin dankbar für ...» oder «Ich fühle mich geehrt, dass ...»? Setzen Sie in Ihren Gedanken und Worten den Fokus auf die Dankbarkeit. Worauf Sie fokussieren, das werden Sie wahrnehmen. Was Sie wahrnehmen, das werden Sie fühlen. Was Sie fühlen, wird Sie prägen.

Tipp #4
Wörter streichen

Gehen Sie einen Schritt weiter. Erkennen Sie die Macht, die sich hinter Wörtern verbirgt. Sie wissen, wie niederschmetternd und verletzend Worte sein können. Werden Sie sich bewusst, wie Sie selber mit sich reden. Achten Sie auf Ihren inneren Dialog. Die Autorin Caroline Myss empfiehlt Ihnen, gewisse Wörter aus Ihrem Wortschatz zu streichen. Identifizieren Sie jene Wörter, die Ihre Gedanken vergiften. Welches Wort taucht auf und lähmt Ihre Energie oder versetzt Sie gar in den Opfermodus? Es können Formulierungen sein wie «Ich bin zu dumm», «Ich kann das nicht», «Es ist ein Übel, ein Fehler ...». Streichen Sie diese Wörter aus Ihrem Wortschatz. Endgültig. Damit befreien Sie sich auch von allen schlechten Assoziationen, die damit einhergehen. Profitieren Sie von den Erfahrungen Caroline Myss: Choices that can change your life, auf TEDxFindhornSalon.

Tipp #5
Dankbarkeit ausdrücken

Wem sind Sie dankbar? Wer hat Ihr Leben geprägt, mit einem Verhalten, mit einer Handlung, als Vorbild oder einfach durch sein Dasein? Schreiben Sie dieser Person einen Brief, in dem Sie Ihre Dankbarkeit ausdrücken. Falls möglich, besuchen Sie diese Person und lesen Sie ihr den Brief laut vor, bevor Sie ihn übergeben.

Dankbarkeit
Werkzeug

Führen Sie ein Dankbarkeitstagebuch. Mit diesem Werkzeug lernen Sie, dankbarer zu sein. Indem Sie Ihre Achtsamkeit für kleine, schöne Dinge in Ihrem Leben erhöhen, werden Sie selber positiver. Das grosse Glück mag kleine Dinge.

» Notieren Sie jeden Tag, wofür Sie dankbar sind.

» Beschreiben Sie die Situation so genau wie möglich.

» Zeichnen Sie die Situation, suchen Sie ein Symbol oder ein Bild, das die Situation widerspiegelt.

» Schliessen Sie die Augen und tauchen Sie nochmals so tief wie möglich in das Gefühl der Dankbarkeit ein.

Dankbarkeitsmomente

Was habe ich heute erlebt? Wofür bin
ich dankbar?

Zeichnung/Foto

Meisterwerk
Werkzeug

Dieses Werkzeug kombiniert mehrere Erfolgsfaktoren und ermöglicht Ihnen, Ihre Woche so zu planen, dass Sie Ihre Vision leben können. Fühlen Sie sich frei, die Fragen in den einzelnen Feldern Ihren aktuellen Herausforderungen oder Bedürfnissen anzupassen.

| Morgenritual | Wie fühle ich mich heute? | Was tue ich heute, um meine positive Energie zu steigern? |
| | Warum fühle ich mich so? | Wem oder was tue ich heute Gutes? |

Gedanken zu meiner Vision — Wochenmotto

Was tue ich heute/diese Woche, um meinem Ziel näher zu kommen und meine Vision zu leben?

Was will ich diese Woche lernen?

Was tue ich diese Woche für meine Inspiration?

Wozu überwinde ich mich und verlasse meine Komfortzone?

| Abendritual | Wofür bin ich dankbar? |

Wochenplanung

Zeit	Mo	Di	Mi	Do	Fr	Sa	So
7 – 8							
8 – 9							
9 – 10							
10 – 11							
11 – 12							
12 – 13							
13 – 14							
14 – 15							
15 – 16							
16 – 17							
17 – 18							
18 – 19							
19 – 20							
20 – 21							
21 – 22							

Tagesgewinn

Notizen

Abschluss

Tun Sie sich einen Gefallen

Tun Sie sich einen grossen Gefallen: Beginnen Sie. Setzen Sie um. Seien Sie geduldig mit sich.

Oft nehmen wir uns zu Beginn vieles vor. Voller Euphorie. Rasch folgt die Ernüchterung, weil die Umsetzung nicht so einfach ist. Genau da gilt es anzusetzen. Veränderung braucht Zeit. Man kann am Gras ziehen; es wächst trotzdem nicht schneller. Das gilt auch für Verhaltensänderungen oder den Auf- und Ausbau von Kompetenzen. Wir wollen oftmals alles und sofort. Doch die Lernstufen kann man nicht überspringen. Seien Sie verständnisvoll und geben Sie sich die Zeit, die Sie brauchen, um etwas zu lernen oder zu erreichen. Wertschätzen Sie die kleinen Schritte; auch sie sind zielführend.

Also machen Sie den ersten Schritt.

Machen Sie sich bewusst, dass man auch mit kleinen Schritten zum Ziel kommt. Das zunehmende Selbstvertrauen wirkt sich übrigens direkt auf die Schrittlänge aus und plötzlich stellen Sie fest, dass Sie mit Meilenstiefeln unterwegs sind.

Verzeichnis

Wer mehr wissen will...

Standortbestimmung

» David Allen: Getting things done, 2002/2015
» Deepak Chopra: Die sieben Gesetze geistigen Erfolgs, 1994
» Deepak Chopra: Deepakchoprameditation. de

Vision entwickeln

» Joshua Fields Millburn und Ryan Nicodemus: Minimalism. Live a meaningful life, 2012
» Viktor Frankl: The man's search for meaning, 1946
» Daniel Kahnemann: Thinking fast, thinking slow, 2012

Ziele setzen

» Antoine de Saint-Exupery: Die Stadt in der Wüste, 1956
» Brian Tracy: Luckfactor. Die Gesetze des Erfolges, 2001

Schlaf & körperliche Fitness

» Kate Northstone, Carol Joinson, Pauline Emmett, Andy Ness und Tomáš Paus: Are dietary patterns in childhood associated with IQ at 8 years of age? A population-based cohort study.
» Wendy Suzuki: «The brain-changing benefits of exercise» auf Ted.com 2017

» Christopher Bergland: The Athlete›s Way: Training Your Mind and Body to Experience the Joy of Exercise, 2007
» Frank J. Penedo, Jason R. Dahn: Exercise and well-being: A review of mental and physical health benefits associated with physical activity, in: Current opinion in psychiatry, 2005
» Lawrence Robinson, Jeanne Segal und Melinda Smith auf helpguide.org 2018

Positive Einstellung

» Shawn Achor: The Happiness Advantage: The Seven Principles of Positive Psychology that Fuel Success and Performance at Work, 2010
» Shawn Achor: Big Potential: How Transforming the Pursuit of Success Raises Our Achievement, Happiness, and Well-Being, 2018
» Shawn Achor: The happy secret to better work, Ted.com 2011
» Vera F. Birkenbihl: Freude durch Stress 2005. Die erste Auflage erschien unter dem Titel «Stress im Griff», 1979
» Vera F. Birkenbihl: Gehirn-gerechte Einführung in die Gelotologie. Die Rolle von Humor in unserem Leben, Vorlesungen auf youtube.com.
» Hal Elrod: The miracle morning. Die Stunde, die alles verändert, 2016
» Melanie Fennel: Boost your confidence, 2011

» Carol Dweck: Mindset: How You Can Fulfil Your Potential, 2012
» Kristin Neff: Self Compassion. The proven power of being kind to yourself, 2011
» Organisation
» Masaaki Imai: Kaizen. The key to Japan›s competitive success, 1986
» C. Northcote Parkinson: Parkinsons Gesetz und andere Studien über die Verwaltung, 2005

Planung
» Brendon Burchard: High performance Habits. How extraordinary people become that way, 2017
» Jordan Goldberg: Carrots and Sticks: Unlock the Power of Incentives to Get Things Done, 2010

Prioritäten setzen
» Stephen R. Covey: The 7 Habits of highly effective people, 2004

Fokus
» Greg McKewon: Essentialism. The disciplined pursuit of less, 2014
» Brian Herzlinger: My date with Drew, Dokumentarfilm, 2004
» Daniel Goleman: Focus. The hidden driver of excellence, 2013
» Experimentieren & lernen

» Carol Dweck: The power of believing that you can improve, TED.com 2017
» Carol Dweck: Mindset: How You Can Fulfil Your Potential, 2012
» Brené Brown: The gift of imperfection, 2016
» Brené Brown: Daring greatly, 2015
» Brené Brown: The power of vulnerability, Ted.com, 2018

Unterbrechungen & Multitasking
» Gloria Mark et al.: The Cost of Interrupted Work: More Speed and Stress. Conference Paper, 2008
» Mihaly Csikszentmihalyi: Flow – der Weg zum Glück. Der Entdecker des Flow-Prinzips erklärt seine Lebensphilosophie, 2010
» Eyal Ophir, Clifford Nass et al. (Standford University): Cognitive control in media multi-taskers, 2009

Unangenehmes vermeiden
» Mel Robbins: The 5 Second Rule: Transform your Life, Work and Confidence with Everyday Courage, 2017
» Amy Cuddy et al.: The Benefit of Power Posing Before a High-Stakes Social Evaluation, 2012
» Michelle Poler: 100 days without fear, Ted.com 2015
» Jia Jiang: What I learned from 100 days of rejection, Ted.com 2016

Überforderung & sozialer Stress

» Sally Dickerson & Margaret Kemeny: Acute Stressors and Cortisol Responses: A Theoretical Integration and Synthesis of Laboratory Research in Psychological Bulletin, 2004

» Wendy Hill: The science of kissing, Interview at AAAS Annual Meeting, 2009

Engagierte Gelassenheit

» Steven R. Covey: 7 Habits Of Highly Effective People, 2004

» Gaur Gopal Prabhu: We Have To Face Our Fears!» auf youtube.com

» Sam Berns: My philosophy for a happy life. Ted.com 2013

» Claudia Eva Reinig: Yoga Nidra Tiefenentspannung. Das Yoga-Nidra-Übungsprogramm für Körper und Geist, CD 2010

Inspiration

» Elizabeth Gilbert: Your elusive creative Genius, Ted.com 2009

Dankbarkeit

» Robert A. Emmons: gratitude works. A 21-Day Program for Creating Emotional Prosperity, 2013

» Vishen Lakhiani: Happiness is the new productivity auf mindvalley.com, 2009

» Caroline Myss: Choices that can change your life am TEDxFindhornSalon, 2017

Urheberrechte & Nutzungsbedingungen